Verlorene Kinderseelen

Sabine Schönmann

Verlorene Kinderseelen

Bibliografische Information der Deutschen Nationalbibliothek: Die Deutsche Nationalbibliothek verzeich-
net diese Publikation in der Deutschen Nationalbi-
bliografie; detaillierte bibliografische Daten sind im
Internet über http://dnb.dnb.de abrufbar.

Foto und Layout: Sabine Schönmann
Illustration: Bernhard Schönmann
Vorwort: Ralf Elster
Umschlagfoto: www.pixabay.com
Umschlaggestaltung: BoD - Books on Demand
Herstellung und Verlag: BoD - Books on Demand,
Norderstedt

ISBN: 978-3-8370-7708-7

Für meinen Vater
- von meinem Vater -

Bleibe dir stets treu,
gehe unbeirrt deinen Weg,
ungeachtet dessen,
was andere über dich denken.
Nur du allein weißt,
was das Beste für dich ist.

Inhalt

Dank

Mein ganz besonderer Dank gilt meinem Heilpraktiker Ralf Elster, der über Jahre hinweg Fachkompe-
tenz, Verantwortungsbewusstsein, Engagement, Geduld, Einfühlungsvermögen sowie Empathie bewies
und mich bei der Bewältigung meines Traumas begleitete. Seine alternativmedizinischen Methoden
führten zum Erfolg, die mir Lebensfreude zurück-
brachten.

Michael war es, der mir die größte Chance in meinem
Leben ermöglichte. Ich durfte durch ihn meinen Heilpraktiker kennenlernen - ein herzliches Dankeschön.

Dr. Thomas Castorph stand mir in der Anfangsphase
meines neuen Lebens, das damals für mich noch völlig fremd war, zur Seite. Auch ihm möchte ich meinen
Dank aussprechen.

Besonderer Dank geht an meine Mutter, die mich bestärkt hat, das Buch zu veröffentlichen sowie an meinen Bruder für die Illustrationen.

Zuletzt danke ich allen, die in schwierigen Zeiten an
mein Durchhaltevermögen appelliert haben und mir
Trost und Mut spendeten.

Tabuthema sexuelle Gewalt

Was ist sexuelle Gewalt? Dies liegt dann vor, wenn ein Kind gezielt von einem Jugendlichen oder Erwachsenen für dessen eigene sexuelle Befriedigung benutzt wird. Es gibt verschiedene Formen von sexueller Gewalt: Zungenküsse, Einführen von Fingern oder Gegenständen, das Berühren des Kindes an den Geschlechtsteilen, Aufforderung zu Handlungen am Täter/an der Täterin oder am eigenen Körper sowie an anderen Kindern, Geschlechtsverkehr, aber auch Exhibitionismus und die Vorführung oder Herstellung pornographischer Bilder oder Filme und vieles mehr. Meist kommen die Täter und Täterinnen aus der eigenen Familie und dem nahen Umfeld, was zu erheblichem Vertrauensmissbrauch und zur totalen Verwirrung der kindlichen Gefühle führt, denn das Kind liebt den Täter/die Täterin trotz allem.

Zitat des Vereins Schotterblume (Kontakt- und Informationsstelle für Opfer von seelischer, körperlicher und sexueller Gewalt in der Kindheit und Partnerschaft e.V.):

„(…) Sexueller Missbrauch ist nicht nur körperliche Gewalt, sondern zusätzlich schwerste seelische Gewalt. (…) Der sexuelle Missbrauch durch einen Erwachsenen ist wohl die zutiefst in die Persönlichkeit eingreifende Störung, die einem Kind passieren kann. Es ist eine unglaubliche Leistung, diese Schädigung seelisch, geistig und körperlich zu überleben."

Bei den Betroffenen von sexueller Gewalt können als Folge Krankheiten wie Depressionen, Angstzustände, Magersucht, selbstverletzendes Verhalten oder auch die Sehnsucht nach dem Tode ausgelöst werden. Äußerlich sichtbare Anzeichen für sexuelle Übergriffe können körperliche Verletzungen sein, Schlafstörungen, Konzentrations- oder Sprachstörungen. Auch ständiges, sehr gründliches Waschen, aggressives Verhalten, das Abkapseln von Familie und Freunden können auf sexuelle Gewalt hindeuten.

Eltern sollten daher ihren Kindern keine Angst, sondern Mut machen. Denn: Wenn gute Schülerinnen oder Schüler plötzlich schlecht werden, mittags nicht nach Hause wollen, wenn sie lebhaft waren und sich nun zurückziehen, schweigsam und traurig wirken, wenn ein ruhiges Kind aggressiv wird, dann kann das auf sexuelle Gewalt hindeuten. Besteht der Verdacht auf mögliche sexuelle Gewalt, sollten Eltern ihre Kinder zum Erzählen animieren. Den Kindern sollte beigebracht werden, wie zwischen guten und schlechten „Geheimnissen" unterschieden werden kann. Schlechte „Geheimnisse" sind die, die Bauchschmerzen machen, und die darf man auch weitererzählen. Außerdem: Kinder dürfen sich wehren, denn es ist ein Kinderrecht, unhöflich zu Erwachsenen zu sein, wenn das Kind nicht respektiert wird.

Auf der Suche nach den geeigneten Therapiemöglichkeiten sind vor allem die Betroffenen von sexueller Gewalt in der Familie weitestgehend auf sich allein gestellt. Nicht nur verunsicherte Familienmitglieder, die in der Regel auf diese Problematik nicht vorbereitet sind - Tabu! - auch Erzieher/-innen, Tagesmütter, Lehrer/-innen, Leiter/-innen von Freizeiteinrichtungen und viele andere sind oft nicht oder nur unzureichend in der Lage, mögliche Lösungswege aufzuzeigen. Sogar Therapeuten/-innen reagieren meist hilflos, wenn im Anschluss an einen Klinikaufenthalt eine weiterführende ambulante psychosomatische oder ähnliche Betreuung für die Bewältigung und/oder Folgen des Traumas notwendig wird. Ganz zu schweigen von den Behandlungs- oder anderweitigen Kosten, die entweder nicht oder nur teilweise oder nur zeitlich befristet von den Krankenkassen oder anderen Institutionen übernommen werden.

Ebenso schwierig ist auch die berufliche Resozialisierung, vor allem wenn durch eventuellen Verlust des Arbeitsplatzes die nötige finanzielle Grundabsicherung nicht gewährleistet ist. Auch der Weg in die berufliche Selbstständigkeit als alternative Existenzsicherung ist mit erheblichen Schwierigkeiten verbunden, denn eine „psychiatrische Karriere" bleibt bei den Krankenkassen und anderen Versicherungen offensichtlich zum Nachteil der Betroffenen erhalten.

Zahlen und Fakten zu sexuellem Missbrauch
Auszüge aus folgender Quelle aus dem Jahr 2013:
www.weggeschaut.de/zahlen-und-fakten.html

Jedes 3. / 4. Mädchen und jeder 7. / 8. Junge wird sexuell missbraucht.

Experten gehen davon aus, dass jährlich schätzungsweise 80.000 bis 300.000 Kinder in Deutschland sexuell missbraucht werden.

90 % der Täter kommen aus dem Bekannten- und Verwandtenkreis des Opfers. Dementsprechend ist der Tatort meist eine dem Kind vertraute Umgebung. Die Übergriffe finden also an Orten statt, an denen sich Kinder normalerweise besonders sicher und geborgen fühlen.

Ca. 80-90 % der Täter sind Männer und ca. 80-90 % der Opfer sind Mädchen oder Frauen.

Täter haben in der Regel im Laufe ihres Lebens viele Opfer, die sie missbrauchen.

Von den zur Anzeige gebrachten Fällen führen nur etwa 10 % zu einer gerichtlichen Hauptverhandlung. Davon wiederum enden nur ca. 10 % mit einem Schuldspruch des Täters, der nur in weiteren 10 % in einer freiheitsentziehenden Maßnahme endet. Die übrigen 90 % werden mit einer Geld- oder Bewährungsstrafe belegt.

Betroffene von sexueller Gewalt sind Kinder aller sozialer Schichten und aller Altersgruppen, auch Kleinkinder und Säuglinge.

Mit den Folgen des Missbrauchs haben die Betroffenen oft ein Leben lang zu kämpfen. Auch wenn sie immer schon darunter litten, wird vielen erst im fortgeschrittenen Alter bewusst, was in ihrer Kindheit geschehen ist.

3 von 4 Psychiatriepatienten/-innen und 9 von 10 Prostituierten sind als Kind sexuell missbraucht worden.

Ein Kind muss bis zu 7 mal erzählen, was ihm widerfahren ist, bevor ihm jemand glaubt.

Einleitung

Als ehemalige Betroffene von sexueller Gewalt in der Familie reifte in mir der Entschluss, diesen Ratgeber zu veröffentlichen.

Zum einen möchte ich damit ein Signal setzen zur Aufklärung sexueller Gewalt, die immer noch eine zu hohe Dunkelziffer aufweist und dessen Enttabuisierung leider immer noch ansatzweise stattfindet. Zum anderen kann Betroffenen anhand dieses Ratgebers die mühsame und kräftezehrende Suche nach dem für sie geeigneten Weg der Aufarbeitung verkürzt und erleichtert werden.

Mir ist es ein persönliches Anliegen neben den vom Gesetzgeber angebotenen schulmedizinischen Behandlungsmethoden, die sehr sanften und effektiven alternativmedizinischen Behandlungsmethoden, die unter anderem zur Bewältigung von Traumata eingesetzt werden, zu erläutern.

Im ersten Teil meines Buches wurden authentisch Text und Sprachstil der teilweise diffusen Erinnerungen beibehalten. Die Ausweglosigkeit der Situation wird deutlich; Annas Erinnerungen fließen durch alle Zeitebenen und können nur mit viel Mühe chronologisch geordnet werden. Im Anschluss folgt der fachliche Teil, indem die alternativmedizinischen Behandlungsmethoden erläutert werden. Die Tragweite und Wirksamkeit der angewandten alternativen Methoden wird im dritten und letzten Teil besonders sichtbar. Hier standen die dokumentarische Darstellung der

Geschehnisse sowie wörtliche Aufzeichnungen und Protokolle von therapeutischen Sitzungen zur Verfügung.

Eine verlorene Kindheit kann nicht zurückgebracht werden. Doch: Das Trauma der sexuellen Gewalt als auch die Folgen können bewältigt werden und bringen Lebensfreude zurück!

Vorwort

Sind die Folgen eines wiederholten sexuellen Kindesmissbrauchs überhaupt heilbar?

Die Antwort darauf wird der Leser in der Schilderung einer durchschrittenen Aufarbeitung finden. Dieser Weg kann freilich lang, steinig und von Rückschlägen gesäumt sein: Heilung ist ein Geschenk aufrichtigen Bemühens. Sie erwächst aus Geduld und Ausdauer; sie entspringt vor allem aber aus der inneren Gewissheit, unter irdischer und „himmlischer" Mithilfe die Krankheit verwandeln zu können.

Die Autorin macht als persönlich Betroffene ihren Leidensgenossen nicht nur Mut, den Weg der Befreiung aktiv zu gehen, sondern weist ihnen auch das Instrumentarium auf.

Aus einer tiefgreifenden Erschütterung des kindlichen Urvertrauens reift allmählich das Vertrauen zu dem All-Guten, auch Gott genannt, heran. Damit entlässt man sich endlich selbst aus der Opferrolle sowie den Täter aus seiner Schuld. Und wo kein Opfer ist, da gibt es auch keinen Täter mehr! Das so genannte Böse verliert nun seine Macht über den Menschen.

So bleibt die Erkenntnis: Nicht zwei Seelen wohnen länger kämpfend in meiner Brust. Nein, die Schattenseele im Du und Ich wandelt sich in meinem steten Vorwärtsschreiten und wandelt sich zur Lichtseele.

Ralf Elster
Heilpraktiker

Annas Leben

Erste Erfahrungen mit der Schulmedizin

Als Anna erwachte, stellte sie fest, dass sie nicht zu Hause war. Am Fenster waren außen Gitterstäbe angebracht. Ihr erster Gedanke war: Ich bin im Gefängnis!

Was ist passiert?

Vor dem Fenster mit dem Eisengitter stand ein großer blühender Kastanienbaum. Jetzt fiel es ihr wieder ein! Es ist Frühling und vor ungefähr drei Monaten hatte sie ihren vierundzwanzigsten Geburtstag gefeiert.

Aber warum ist sie im Gefängnis? Sie fühlte sich sehr müde und schlapp. Ihre Gedanken wurden langsam etwas klarer. Jetzt bemerkte sie, dass sie in einem weißen Bett lag und an mehrere Geräte angeschlossen war. Eine Nadel kam aus ihrer Ellenbeuge, der Schlauch führte zu einer Infusionsflasche, die an einem Ständer aufgehängt war. Das kann nicht das Gefängnis sein, dachte sie bei sich und fiel wieder in den weißen Nebel zurück.

Nach einigen Stunden Dämmerschlaf wachte sie erneut auf. Matt, aber neugierig blickte sie sich im Zimmer um. Rechts von ihr standen drei weitere Betten. In einem lag eine Frau, die sehr dünn war. Ihr Gesicht war ziemlich blass, sie hatte ganz dunkle Augen. Sie war sehr jung und zitterte am ganzen Körper. Die zweite Frau schien nicht sprechen zu können. Sie gestikulierte in einer Art Zeichensprache mit den Händen. Das dritte Bett war leer.

Jetzt war sie sich fast sicher: Das konnte nicht das Gefängnis sein!

***

Kurz bevor Anna in die Realschule wechseln sollte, wurde sie krank. Sie war gerade zwölf Jahre alt geworden. Ohnmachtsanfälle plagten sie mehrfach am Tage. Gründe für diese Anfälle konnten von den Ärzten nicht gefunden werden. Außerdem waren ihre Füße angeschwollen und sie konnte kaum gehen. An manchen Tagen brauchte sie für hundert Meter Weg mehr als eine Stunde. Die Füße schmerzten sehr.

Ihre Eltern waren mit ihr von einem Arzt zum andern gelaufen. Sie wurde von Kopf bis Fuß durch untersucht; Laboruntersuchungen, Röntgen, EKG, EEG und vieles mehr. Die Untersuchungen dauerten monatelang.

Dann wurden auch ambulante Spezialuntersuchungen in Krankenhäusern durchgeführt. Aber ihre Füße schmerzten weiterhin sehr. Um alles abzuklären und nichts unversucht zu lassen, wurde sie in eine orthopädische Spezialklinik eingewiesen. Es sollte herausgefunden werden, was mit ihren Füßen los war. Die Ärzte waren der Ansicht, dass es sich um Wachstumsstörungen handeln könne und verordneten gegen die Schmerzen Medikamente.

Die verordneten Kapseln waren so groß, dass Anna Mühe hatte, sie überhaupt zu schlucken. Ihre Eltern ließen sich alles Mögliche einfallen, damit sie die Tabletten besser schlucken konnte. Sie lösten die Kapseln in warmem Tee auf, gaben sie in die Suppe oder unter den Schokoladenpudding. Hin und wieder wurden die Schmerzen nach der Einnahme besser; doch meistens halfen die Tabletten nichts.

Sie wollte ihre besorgten Eltern nicht weiter beunruhigen und erzählte ihnen nicht, dass die Medikamente nur sehr wenig halfen. Sie biss sich auf die Zähne und ertrug die Schmerzen.

Im Laufe der nächsten vier Jahre musste sie hin und wieder zu Kontrolluntersuchungen in die orthopädische Spezialklinik, denn die Ärzte waren sich einig geworden, dass es sich bei den Schmerzen in den Füßen um Wachstumsstörungen handelte. Nach und nach besserte sich ihr Zustand und ihre Beschwerden ließen tatsächlich nach.

Ihre jüngere Schwester Luisa strotzte dagegen vor Gesundheit. Sie war sehr sportlich und konnte ohne Probleme den ganzen Tag Skilaufen, schwimmen oder mit dem Rad fahren. Auf Anna musste immer Rücksicht genommen werden, da sie kaum ohne Probleme Sport treiben konnte. Sie hasste ihre Schwester dafür, dass diese körperlich gesund war. Aber auch umgekehrt war es für Luisa schwierig, denn immer stand Annas eingeschränkte Belastbarkeit im Vordergrund.

Nach ihrem Realschulabschluss waren die Beschwerden endgültig weg und die Ärzte waren in ihrer Meinung bestärkt, dass es sich um Wachstumsstörungen gehandelt habe.

***

Mit 19 Jahren ist Anna von zu Hause ausgezogen und lebte nun mit ihrem Freund Julius zusammen.

Wie aus heiterem Himmel wurde sie einige Monate später krank. Sie litt unter Magenproblemen. Erneut wurde sie medizinisch durchgecheckt: Magen- und Darmspiegelung, EKG, EEG, Laboruntersuchungen, Röntgen, Sonographie - sprich: alles was medizinischer Standard ist, wurde aufgeboten. Aber die Ärzte waren ratlos und konnten keine körperliche Ursache für ihre Magenprobleme finden. Zu den Magenproblemen stellten sich nach kurzer Zeit Angst- und Panikzustände ein. Auch hier konnte kein Grund gefunden werden. Sie selbst vermutete, dass diese Angst- und Panikzustände irgendwie mit ihrem Wegzug von zu Hause zu tun hatten.

Die Beschwerden verschlimmerten sich immer weiter. Immer noch war keine Ursache zu finden. Ihrem Internisten kam die Idee, dass es eventuell auch seelische Ursachen geben könnte und er schlug vor, eine entsprechende Fachklinik aufzusuchen. Sie ging auf diesen Vorschlag ein und es folgte ein mehrmonatiger Aufenthalt in einer psychosomatischen Klinik.

Ihren Arbeitsplatz hatte sie mittlerweile verloren.

Während des Aufenthaltes in der psychosomatischen Klinik versuchte Anna zusammen mit Hilfe der Therapeuten und Mitpatienten, die Ursache ihrer körperlichen Beschwerden herauszufinden.

Die Therapie bestand aus einer geschlossenen Gruppentherapie - das heißt, dass während dieser Zeit immer dieselben Gruppenmitglieder zusammen waren. Nur ab und zu gab es bei Bedarf auch Einzelgespräche mit einem Therapeuten. Anna hatte große Probleme, sich in der Gruppe zu äußern und zu öffnen. Sie hätte lieber nur Einzelstunden gehabt. Es kostete sie Mühe und große Überwindung, in einer Gruppe vor fremden Menschen über ihre Gefühle, ihre Ängste und über das zu sprechen, was sie innerlich bewegte. Mehr und mehr zog sie sich in sich zurück. Sie sprach nicht mehr viel während dieser Zeit. Völlig überraschend traten in der Klinik fast jede Nacht Albträume auf. Es waren dieselben Träume, die sie schon als Kind geplagt hatten. Sprechen konnte sie darüber nicht.

Sie lernte einige junge Mädchen und Frauen kennen, die sich zu Tode hungerten oder unter Ess-Brechanfällen litten. Die Mädchen und Frauen sahen teilweise aus, als ob sie in einem Konzentrationslager gelebt hätten - total abgemagert. Die Wangenknochen im Gesicht standen hervor, die Schulterblätter konnte man durch die dicken Pullover sehen und die Hosen schlotterten an den Beinen, als ob darunter nur Holzstöcke wären. Später las sie einen Bericht in einer Zeitung, dass viele dieser Mädchen und Frauen, die an Anorexie oder Bulimie litten, früher sexuell missbraucht worden waren.

Drei Monate psychosomatische Klinik gingen dem Ende entgegen und sie hatte das Gefühl, dass sich während dieser Zeit nicht viel geändert hatte. Umsonst war der Aufenthalt aber doch nicht gewesen. Die körperlichen Beschwerden hatten sich gebessert und ihre

Angst- und Panikzustände waren ebenfalls schwächer geworden - die Ursache konnte allerdings wieder nicht geklärt, sondern nur vermutet werden: Seelische Gründe?

Sie ging einer ungewissen Zukunft entgegen.

***

Ein Jahr später hatte sie erneut ihre Arbeitsstelle verloren. Immer häufiger machten sich in ihren Gedanken Ideen von Selbstmord breit. Die Angst- und Panikzustände waren schlimmer geworden und wechselten sich mit Depressionen ab. An manchen Tagen hatte sie so große Ängste, dass sie ihre Wohnung nicht verlassen konnte. In dieser Zeit fühlte sie sich in ihrem Bett am sichersten.

Erneut wurde ein Aufenthalt in der psychosomatischen Klinik notwendig. Die Einzeltherapie, in die sie dieses Mal gehen konnte, zeigte erste Erfolge. Sie konnte sich ihrem Psychologen öffnen und anvertrauen. Nur einmal in der Woche fand eine offene Gruppe zur Ergänzung statt.

Endlich lernte sie, ihre Wünsche ein wenig zu äußern, über ihre Gefühle etwas zu sprechen. Nach und nach tauchten verschwommen Erinnerungen aus der Kindheit auf.

Die erste Spur der jahrelangen Beschwerden und ihrer Ursachen wurde sichtbar: Anscheinend war sie als Kind missbraucht worden. Es war eine sehr schmerzhafte Erkenntnis. Wieso ich? Was habe ich verbrochen? Es gab aber keine Antworten! Während dieser Zeit war sie völlig hilflos, fühlte sich klein und ausgeliefert. Wer ihr dies angetan hatte und wie alt sie damals gewesen war, kam noch nicht ans Tageslicht.

Irgendwie war sie aber trotzdem froh, dass sich der Grund ihrer Beschwerden zeigte. Die Zukunft bereitete ihr allerdings großes Unbehagen, denn sie hatte keinerlei Ahnung, wie sie mit dieser Tatsache leben sollte.

***

Vier Jahre lang absolvierte Anna nun dreimal die Woche mit Hilfe ihres Psychotherapeuten eine ambulante Therapie. Anfangs war es ihr nicht möglich, detailliert über das, was geschehen war, zu sprechen und ihre damit verbundenen Probleme zu hinterfragen. Die Erinnerungen, die immer öfter ans Licht kamen, waren einfach noch zu undeutlich - es fehlten viele Details.

Die Angst- und Panikzustände wurden teilweise so unerträglich, dass sie nicht mehr wusste, wie sie die Tage durchstehen sollte. Oft zitterte ihr Körper so stark, dass die Zähne klapperten. Ganz schlimm wurde es, wenn während dieser Angst- und Panikzustände ihr Psychotherapeut nicht erreicht werden konnte. Deshalb wurde die ambulante Psychotherapie mit Medikamenten unterstützt; so waren die Angst- und Panikzustände besser zu ertragen.

Nach und nach versuchte sie sich mit ihrer Thematik „sexueller Missbrauch" auseinander zu setzen. Neue

Depressionen waren die Folge. Erneut fühlte sie sich klein, hilflos und ausgeliefert. Das alltägliche Leben kostete unendlich viel Kraft, die Medikamente machten müde und das Reden über den Missbrauch war sehr anstrengend. Die Emotionen, die während der therapeutischen Sitzungen aufgewühlt wurden, schmerzten sehr. So sehr, dass es Anna nicht einmal möglich war, zu weinen.

Das wichtigste während dieser Zeit war, eine Arbeit zu finden und somit wieder einen geregelten Alltag zu haben. Sie nahm Kontakt zu ihrem ehemaligen Chef, bei dem sie ihre Berufsausbildung absolviert hatte, auf und fand viel Verständnis. In seine gynäkologische Praxis kamen viele Patientinnen, die sexuell missbraucht oder vergewaltigt worden waren. Anna begann, Vergleiche zwischen den Patientinnen und sich anzustellen. Manchen Patientinnen ging es viel schlechter als ihr, andere wiederum lebten relativ unbeschwert. Diese Beobachtungen und die Auseinandersetzung mit ihrer eigenen Problemstellung gaben ihr neue Kraft, Lebensmut und vor allem Hoffnung.

***

Anna lag in ihrem Bett und sah an der Wand gegenüber einen Kalender hängen, auf dem der Mai aufgeschlagen war. Komisch, an den April erinnerte sie sich, da war sie noch zu Hause gewesen. Sie erinnerte sich sogar genau an das Datum - 28. April.

Was war geschehen? Wie lange ist sie schon hier? Da schoss ihr plötzlich ein entsetzlicher Gedanke durch den Kopf: Sterben!

25

Aber wieso wollte sie an diesem 28. April sterben? So sehr sie auch darüber nachdachte, sie fand keine Antwort darauf.

Mittlerweile hatte man ihr erzählt, dass sie auf der geschlossenen Abteilung der psychiatrischen Klinik liege. Sie sei vor fünf Tagen eingeliefert worden. Ihr sei der Magen ausgepumpt worden, jetzt habe sie aber bereits gefrühstückt und ihre Eltern hätten sie auch schon besucht.

Sie hatte keinerlei Erinnerung an die letzten Tage - bis heute.

Die Frau, die im Nebenbett am ganzen Körper zitterte, hatte Entzugserscheinungen. Sie hatte sich mit einer Überdosis Drogen das Leben nehmen wollen. Die Frau, die nicht zu sprechen schien, hatte sich mit Pflanzenschutzmitteln die Speiseröhre verätzt.

Mittlerweile war eine vierte Frau ins Zimmer gebracht worden. Sie hatte sich mit Schlaftabletten das Leben nehmen wollen. Betäubt durch die Wirkung der Schlaftabletten war sie sehr lange auf ihrem Arm gelegen, so dass der Blutfluss gestört wurde. Der Arm war kurz vor dem Absterben gewesen. Die Frau wurde gerade noch rechtzeitig gerettet - und ihr Arm somit auch.

Nun entdeckte Anna, dass das Zimmer, in dem sie lag, durch eine Glasscheibe mit dem Stationszimmer verbunden war. Hinter dieser Glasscheibe saßen die Krankenschwestern und -pfleger und beobachteten die vier Frauen.

Anna musste auf die Toilette und versuchte aufzustehen. In diesem Moment stürmte eine Krankenschwester in das Zimmer und machte ihr klar, dass sie auf keinen Fall allein auf die Toilette gehen dürfe.

Erst jetzt bemerkte sie, dass das Zimmer, in dem sie sich befand, abgeschlossen war. Sie hätte also gar nicht allein das Zimmer verlassen können. Die Krankenschwester begleitete sie zur Toilette. Nicht einmal hier war sie ungestört, denn es war eine Kamera zur Überwachung angebracht. Ungern ließ sie sich einschränken. Eingesperrt sein kam ihr wie eine große Strafe vor.

Warum wollte ich mich umbringen?

Nach einer Weile des Grübelns kam ihr der Grund ihres Selbstmordversuches ganz vage ins Bewusstsein zurück. Die Verlängerung der ambulanten Psychotherapie wurde von einem Gutachter abgelehnt. Die Erkrankung dieser Patientin sei nicht heilbar. Nach zwei stationären Klinikaufenthalten und einer ambulanten Therapie schien keinerlei Besserung eingetreten zu sein. Somit war dieser Fall nach Meinung medizinischer Spezialisten aussichtslos.

Trotz eines Widerspruches durch ihren Psychotherapeuten ließ sich der Gutachter nicht überzeugen und schlug stattdessen eine lebenslange medikamentöse Behandlung vor.

Wie würde es weitergehen? Der letzte Funke Hoffnung war nun dahin!

Keinen der verantwortlichen medizinischen Fachleute interessierte es, dass in diesem Fall die Lösung unmittelbar bevorstand. Niemand interessierte sich wirklich dafür, wie alt Anna zu jener Zeit gewesen war und wer der Täter gewesen war.

Es gab noch eine letzte Alternative, die der Psychotherapeut anbieten konnte: Eine 20-Minuten-Sitzung pro Woche. Das sei das Angebot der psychologischen Grundversorgung und stehe jedem Menschen in Deutschland zu. Trotz dieser Alternative war es, als ob ihr mit der Ablehnung der Weiterführung der Therapie der Boden unter den Füssen weggezogen worden war.

Die Folge: Starke Depressionen - trotz der Medikamente. Alles war jetzt egal. Tagelang saß sie wie früher wieder in ihrer Wohnung und verließ diese nicht einmal, um die kleinsten Besorgungen zu machen. Sie fühlte sich am sichersten in ihrem Bett, aß nur noch wenig und sah vor lauter Hoffnungslosigkeit und Verzweiflung nur einen Ausweg: Es musste alles beendet werden.

Entschuldigung, dass ich lebe. Es tut mir leid, dass ich sexuell missbraucht wurde und somit nicht lebensfähig bin. Was soll das für ein Leben sein, bis zum Tod von Psychopharmaka abhängig zu sein? Wieso hilft mir denn niemand? Sie fühlte sich abermals klein, hilflos und ausgeliefert. Sie fühlte, jeder lehnt sie ab, sie ist einfach unerwünscht.

Anna schluckte den angelegten Vorrat an Tabletten - quer durch den „Garten" der Pharmazie!

Die Arbeitsstelle hatte sie auch wieder verloren. Wer mochte schon jemanden weiterhin bei sich beschäftigen, der in der Psychiatrie war, längere Fehlzeiten verursachte und dessen Belastbarkeit immer wieder starken Schwankungen unterlag.

***

Als Anna nach ihrem Selbstmordversuch aus der Psychiatrie entlassen wurde, nahm sie das Angebot ihres Psychotherapeuten an - ihr Lebenswille war zurückgekehrt.

Zusammen erarbeiteten sie in den beiden folgenden Jahren maßgebende Fakten. Kurz nach dem Wegzug aus dem elterlichen Haushalt zu ihrem damaligen Freund Julius war sie krank geworden. Ihr wurde klar: Sie hatte Angst vor Männern! Und jetzt war sie das erste Mal in ihrem Leben für immer von zu Hause weg. Was konnte alles passieren? Könnte es wieder so sein wie damals, als sie noch ein Kind war, das sich nicht wehren konnte?

So richtig bewusst war ihr das jedoch noch nicht. Ihr Magen machte plötzlich Schwierigkeiten mit Schmerzen, Erbrechen, Durchfällen. Der Körper reagierte auf ihre unbewusste Angst.

Im Laufe der Zeit waren immer weniger Therapiestunden nötig, besserten sich die körperlichen Beschwerden, auch die Angst- und Panikzustände. Das Zittern am ganzen Körper und die Depressionen waren wesentlich besser geworden. Zumindest hatte sie gelernt, besser damit umzugehen und zurechtzukommen. Die Psychopharmaka konnten reduziert oder teilweise ganz abgesetzt werden.

Das wichtigste allerdings war, dass ihr während dieser Zeit die Problematik sexueller Missbrauch immer bewusster wurde, denn nach und nach konnte sie sich immer besser an Details aus ihrer Kindheit erinnern.

Die damit verbundenen Gefühle wurden immer stärker. Mit der gefühlten Hilflosigkeit und dem Gefühl, dem Geschehen einfach ausgeliefert zu sein, kam auch die sichere Erkenntnis zum Bewusstsein: Alles, was geschehen war, geschah vor ihrem sechsten Geburtstag.

***

In den beiden darauf folgenden Jahren konnte sie ein relativ normales Leben führen. Aber das Unterbewusstsein meldete sich erneut.

Immer öfter kamen Zweifel bei ihr auf, ob denn dieser Missbrauch wirklich passiert sei und ob das alles denn nur Einbildung war. Immer öfter dachte sie sich: Das kann nicht sein.

Nein – nicht ich!

Die Angst, dass sie sich alles nur eingebildet hatte und langsam verrückt werden könnte, wurde stärker und stärker und nahm immer mehr Besitz von ihr.

Die Angst- und Panikzustände kamen in immer kürzeren Abständen wieder, die Depressionen und das Zittern am ganzen Körper wurden immer stärker und waren nicht mehr zu beherrschen. Suizidgedanken tauchten immer wieder auf. Und sie dachte immer öfter daran, was die Fachleute über ihren Fall meinten: Sexueller Missbrauch ist nicht heilbar! Dieser Fall ist aussichtslos! Es war zu einer lebenslangen Behandlung mit Psychopharmaka geraten worden.

Von Woche zu Woche, von Monat zu Monat verschlechterte sich ihr Zustand wieder.

***

Jetzt wollten die Eltern, ihre Schwester und ihre Verwandten wissen, was denn mit ihr los sei. Niemand konnte nachvollziehen, wieso Anna nach so vielen Therapien ihr Leben nicht in den Griff bekam. Die Menschen, die sie liebten, verstanden sie nicht mehr. Sie fühlte sich immer einsamer und verlassener.

Wie sollte sie denn erklären, was mit ihr los war, wenn sie selbst es nicht genau wusste. Verstehen konnte sie sowieso nicht, warum nun die ganzen Beschwerden wieder kamen.

Um ihre Familie und ihre Verwandten zu beruhigen, erfand sie irgendwelche Ausreden. Doch niemand glaubte diese Ausreden mehr, sah doch jeder, dass sich ihr Zustand immer weiter verschlechterte.

Die Vergangenheit hatte ihr allerdings auch gezeigt, dass dies nicht die richtigen Lösungen waren. Es gab noch eine letzte Möglichkeit: Das Thema muss in der Familie angesprochen werden.

Lange hatte sie hin und her überlegt und die Vor- und Nachteile gründlich durchdacht. Aber ihr Entschluss mit der Familie zu sprechen, wurde immer klarer. Ihre Eltern und Luisa mussten Bescheid wissen. Sie hoffte, ja sie war sich eigentlich sicher, dass ihre engsten Verwandten sie nicht im Stich lassen würden.

Mutig fuhr sie nach Hause zu ihren Eltern. Sie hatte ihnen bereits signalisiert, dass sie ein wichtiges Gespräch mit ihnen führen müsse. Als sie dann aber zu Hause ankam, hatte sie ein ziemlich mulmiges Gefühl. Jetzt war sie sich nicht mehr sicher, ob dies wirklich der richtige Weg war. Doch es gab es kein Zurück mehr. Sie war sehr nervös und dachte sich nur eines: Augen zu und durch, es kann nur noch besser werden.

Mit leiser, unsicherer Stimme, leicht stotternd, nass geschwitzt und Tränen in den Augen sprach sie von dem, was geschehen war: Ich wurde bis zu meinem 6. Lebensjahr sexuell missbraucht. Es war Großvater.

Es herrschte Totenstille im Wohnzimmer. Ihr Vater meinte: Das kann nicht sein, das hätten wir bemerkt, Du bildest Dir das alles ein! Annas Mutter war fassungslos und wie erstarrt, schwieg aber. Luisa stand auf und herrschte sie an, dass sie mit ihr nichts mehr zu tun haben möchte.

Das Desaster war perfekt! Die Familie war von ihr zerstört worden! Sie fühlte sich schuldig, denn sie war diejenige, die soeben die Harmonie in der Familie kaputt gemacht hatte.

Erst Jahre später hatte sie begriffen, dass sie ein Tabuthema angesprochen hatte. Sowohl ihre Eltern als auch ihre Schwester waren mit diesem Thema überfordert. Um Annas Verhalten, ihre Entwicklung, ihren Leidensweg zu verstehen und ihr zu glauben, wäre es für die Familie leichter gewesen, wenn sie als Ursache irgendetwas anderes behauptet hätte; bloß nicht dies! Denn alle waren der festen Überzeugung - wahrscheinlich um sich selbst vor der Konfrontation mit solch einer ungeheuerlichen Wahrheit zu schützen: In unserer Familie kommt so etwas nicht vor.

Trotz allem trat bei Anna aber eine große Erleichterung ein, endlich das Schweigen gebrochen zu haben. Sie fühlte sich plötzlich freier - eine große Last war von ihr abgefallen.

Wie es in Zukunft mit der Familie weitergehen sollte, wusste sie nicht.

***

Jetzt - Anfang Mai - lag sie auf der geschlossenen Abteilung der Klinik in ihrem Bett. Sie war knapp dem Tode entronnen.

Mittlerweile konnte sie sich an einiges erinnern. Wie sie vor ein paar Tagen mehrere hundert Tabletten zerdrückt und dann mit einigen Gläsern Wasser geschluckt hatte. Sie erinnerte sich, wie sie später immer müder und müder wurde. Sie konnte kaum noch ihre Augen offen halten. Völlig benommen rief sie noch ihren Psychotherapeuten an. Dieser verständigte sofort den Notarzt. Schwach konnte sie sich daran erinnern, dass sie sich mit letzter Kraft wach hielt und dem Notarzt noch die Türe öffnete. Danach reißt die Erinnerung ab.

Nur ein Gefühl? Oder vielleicht war es auch eine reale Erinnerung? Während der ganzen Zeit war sie in ein helles, weißes, strahlendes Licht getaucht. Eine unwahrscheinliche Ruhe ging von diesem Licht aus und beruhigte sie. Es war wunderschön. Sie hatte wohl einen Schutzengel gehabt.

Später wusste sie, dass sie damals nicht sterben sollte. Sie hatte noch einige wichtige Dinge in ihrem Leben zu tun; ihre Zeit war noch nicht abgelaufen.

Etwa zwölf Jahre nach ihrem Selbstmordversuch war Anna endlich am Ziel angekommen. Sie hatte das, was ihr geschehen war - ihren sexuellen Missbrauch bis zu ihrem 6. Lebensjahr - aufgearbeitet und wusste: Sexueller Missbrauch ist **doch** heilbar, denn: Sexueller Missbrauch ist keine Krankheit!

***

Vier Jahre nach ihrem Selbstmordversuch ging es ihr wieder schlechter. Die Vergangenheit holte sie abermals ein.

Diesmal konsultierte sie eine Psychotherapeutin. In der Hoffnung, dass sie von einer Frau eher Hilfe bekommen könnte. Die Gespräche verliefen aber erneut unter dem Aspekt der psychologischen Grundversorgung.

Nach einigen Monaten lautete die therapeutische Meinung: Sie schaffen das.

Diese Aussage gab Anna letztlich Kraft und Hoffnung. Sie entwickelte erneut einen ungeheuren Lebensmut. Vielleicht lag es wirklich daran, dass sie
zum ersten Mal mit einer Frau über den sexuellen
Missbrauch sprechen konnte. Aber richtig gut und frei
fühlte sie sich immer noch nicht.

Ihr damaliger Freund Lukas hatte eine Idee. Er erzählte ihr, dass es in der Alternativmedizin sehr sanfte
Methoden gäbe, um noch detaillierter und intensiver
belastende Erlebnisse und Gefühle zu bearbeiten. Wie
wäre es, wenn sie zusätzlich einen Heilpraktiker hin-
zuziehen würde? Sie entschloss sich, ihre Schwierigkeiten unter diesem neuen Aspekt anzugehen. Vielleicht könnte sie dann endlich ihre innere Ruhe finden.

Neue Wege durch die Alternativmedizin

Anna hatte sich zwar entschieden, nun einen neuen
Weg zu gehen, zögerte aber trotzdem. Sie hatte Angst,
und sie war es leid, immer wieder erneut Hilfe in An-
spruch nehmen zu müssen. Sie hatte nur einen
Wunsch: Endlich ein normales Leben zu führen
- ohne belastende Emotionen.

Ihr Freund Lukas entwickelte großes Einfühlungsvermögen. Geduldig erklärte er ihr immer wieder, dass
die alternativmedizinischen Methoden komplett anders seien als die der Schulmedizin.

Vieles verstand sie überhaupt nicht. Waren doch diese

neuen Dinge teilweise ganz weit weg von dem, was sie als medizinische Fachangestellte über Medizin und Therapie gelernt hatte. Sie brauchte Zeit, um sich mit der neuen Situation vertraut zu machen. Außerdem trat ein ganz anderes, ein neues Problem auf: Die Kosten für diese Behandlungen wurden von der Krankenkasse nicht übernommen. Sie musste alles selbst bezahlen. Trotzdem fasste sie den Entschluss, einen Termin beim Heilpraktiker abzusprechen. Sie rechtfertigte dies mit der Überlegung, dass das Geld gut angelegt sei - für ihre Gesundheit und für ihr persönliches Weiterkommen.

Lukas begleitete sie zu ihrem ersten Termin beim Heilpraktiker. Sie war sehr nervös und misstrauisch. Außerdem hatte sie beschlossen, erst einmal ihre körperlichen Beschwerden anzusprechen; von ihrer eigentlichen Situation sollte der Heilpraktiker vorerst nichts erfahren.

Im Wartezimmer wurde sie immer unruhiger. Sie wollte wieder gehen. Lukas beruhigte sie.

Anna wollte, dass ihr Freund ins Behandlungszimmer mitging. Sie war so nervös, dass ihr der Atem stockte, sie schwitzte am ganzen Körper und hatte Mühe zu sprechen. Kaum konnte sie auf die gestellten Fragen antworten. Der Heilpraktiker signalisierte, dass ihr nichts passieren würde und sie sich Zeit lassen könne. Daraufhin wurde sie wieder etwas ruhiger und fing an, stockend zu berichten. Sie begann mit ihrem Ohrensausen und den Ohrgeräuschen, unter denen sie seit Jahren litt. Sie war erstaunt darüber, dass sie keine näheren Angaben über die Symptome zu machen brauchte. Denn: Wichtig seien die Ursachen der Beschwerden, denn erst durch diese Erkenntnis würden die Symptome verschwinden.

Die Einheit von Körper, Geist und Seele könne durch kinesiologische Austestungen erfahren werden. Sie sollte sich auf einen Stuhl setzen und dem Heilpraktiker ihre Arme entgegenstrecken. Er würde darauf achten, ob ihre Arme kräftig blieben oder erschlaffen würden.

Sie war sehr skeptisch, konnte sie sich doch nicht vorstellen, dass so eine Methode wirksam sein sollte. Sie dachte sich: So ein Blödsinn. Allerdings war sie jetzt auch recht neugierig geworden.

Es wurden ihr gezielt Fragen im Zusammenhang mit dem Ohrensausen und den Ohrgeräuschen gestellt und die Reaktion ihrer Arme jedes Mal geprüft. Das Ergebnis war: Die Ohrprobleme hatten mit einer alten Stresssituation zu tun, die sie heute noch belastete. Vermutlich lag der Ursprung dieser Situation in ihrer Kindheit vor ihrer Einschulung.

Langsam wurde sie mehr und mehr überzeugt von dieser Behandlungsmethode.

Nach Details befragt, wie die Situation denn konkret ausgesehen habe, begann sie am ganzen Körper zu zittern. Sie bekam ein Notfallmedikament zu schlucken. Nur wenige Tropfen. Nach kurzer Zeit waren das Zittern und die innere Unruhe wesentlich besser geworden.

Der Heilpraktiker konzentrierte sich nun auf die weiteren körperlichen Beschwerden. Ihre Verspannungen sollten anschließend mit chiropraktischen Techniken angegangen werden. Von dieser Behandlungsmethode hatte sie schon gelesen. Als die Behandlung beginnen sollte, wurde sie wieder unruhig, fast aggressiv und wollte sich nicht anfassen lassen. Beruhigend war, dass ihr Freund hier war. Das gab ihr die nötige Sicherheit. Eigentlich konnte ja nichts passieren.

Ein neuer Versuch wurde gestartet, aber jetzt kam eine richtige Panikattacke. Sie bekam noch einmal ein paar Tropfen des Notfallmedikamentes. Dann wurde ein letzter Versuch gestartet, die Wirbelsäule einzurenken. Sie war damit einverstanden. Und plötzlich klappte alles wie am Schnürchen. Die Tropfen des „Wundermittels" wirkten und die Wirbelsäule konnte ohne Probleme eingerenkt werden.

Was war dieses Wundermittel, das sie erhalten hatte? Es nannte sich „Rescue-Remedy" und war eine so genannte Bachblüte.

Immer wenn es ihr - auch später - noch schlecht ging, sie nicht mehr mit ihren Angst- und Panikzuständen zurechtkam oder das Zittern am ganzen Körper nicht mehr auszuhalten war, nahm sie einige Tropfen dieser Blütenessenz mit Erfolg ein.

Der Heilpraktiker meinte, das Ohrensausen und die Ohrgeräusche würden sich von allein bessern, denn die Ursachen seien zwar nicht direkt angesprochen worden, aber sie würden sich eindeutig auf der seelischen Ebene befinden und die körperlichen Beschwerden seien nur ein symptomatisches Anzeichen hiervon.

Sie war sehr skeptisch. Sie konnte nicht glauben, dass die Beschwerden ohne Medikamente weggehen sollten - ihre ganze bisherige Erfahrung und ihr berufliches Wissen sprachen dagegen. Mal sehen, ich lasse mich überraschen - war ihre erste Reaktion.

Die Sitzung wurde beendet. Anscheinend war die Zeit noch nicht gekommen, um weiter an ihrem eigentlichen Problem der sexuellen Gewalt zu arbeiten. Wahrscheinlich hätte sie es zu diesem Zeitpunkt nicht verkraftet. Sie fühlte sich hier vom ersten Augenblick an nicht unter Druck gesetzt.

***

Nach einigen Wochen waren die Beschwerden weg - kein Ohrensausen und keine Ohrgeräusche mehr. Aber überzeugt war sie trotzdem nicht. Vielleicht war das alles ja nur ein glücklicher Zufall gewesen - vielleicht auch nicht.

Die Beziehung zu ihrem Freund wurde immer gespannter, obwohl Lukas viel Verständnis für ihre Situation aufbrachte. Hin und wieder provozierte er Anna. Seine Hoffnung war, dass sie endlich ihre alten belastenden Gefühle ausleben würde und ihre Wut, den Hass und die Verzweiflung endlich heraus lassen würde. Ihre Schuldgefühle ließen dies aber nicht zu.

Trotzdem - es war eine völlig neue Erfahrung für sie, eine solche Beziehung zu haben. Hatte sie doch bisher überwiegend Freunde kennen gelernt, die mit ihrer Situation nicht einmal ansatzweise umgehen konnten. Lukas war da anders. Einerseits hatte sie vor einer solchen Verbindlichkeit Angst, andererseits war es eine wunderschöne Erfahrung für sie, von einem anderen Menschen endlich ernst genommen zu werden. Sie musste sich nicht ständig beherrschen. Sie konnte sich so zeigen, wie sie sich wirklich fühlte.

Irgendwann traute sie sich, ihren Freund zu fragen, warum er sie so gut verstand. Seine Antwort konnte sie zunächst gar nicht glauben: Er hatte dasselbe erlebt wie sie! Auch er war sexuell missbraucht worden. Er hatte in langem Kampf mit sich selbst und mit Hilfe alternativer Methoden seine Kindheit aufgearbeitet. „Du bist in deiner Vergangenheit noch gefangen und ich weiß, dass du es mit den alternativen Methoden schaffen wirst, das alles zu bewältigen", war sein Kommentar. Er sollte Recht behalten.

***

Die Angst- und Panikzustände waren wieder da. Das Zittern am ganzen Körper auch. Sie holte sich erneut Hilfe beim Heilpraktiker. Sie ging ohne ihren Freund hin! Allein!

Sie konnte ihm erzählen, wohl als Kind sexuell missbraucht worden zu sein. Sie konnte dieses Mal von ihren Krankenhausaufenthalten und von ihrer mehrjährigen ambulanten psychotherapeutischen Behandlung erzählen. Sie konnte aber auch über ihren Suizidversuch sprechen und von der Zwangseinweisung auf die geschlossene Abteilung der Psychiatrie.

Sie sprach auch von den unterschiedlichen Prognosen der Ärzte und Psychotherapeuten („Sexueller Missbrauch ist nicht heilbar" und „Sie können das schaffen!").

Sie wusste heute, es muss noch viel Geduld aufgebracht werden, bis der Missbrauch von damals keinerlei Bedeutung mehr haben wird und nicht mehr belastend sein wird.

Erneut wurden kinesiologische Austestungen wegen ihrer Angst- und Panikzustände und dem Zittern am ganzen Körper in Angriff genommen. Die Austestungen ergaben, dass erst mit Hilfe der Akupunktur ihr inneres Gleichgewicht wieder hergestellt werden könne und zur langfristigen Unterstützung ein homöopathisches Mittel eingenommen werden solle.

Sie sollte wegen einer weiteren Behandlung erst wieder anrufen, wenn sie das Gefühl habe, dass sie erneut eine Konsultation brauche. Das war für sie neu. Bei ihren bisherigen Behandlungen mit schulmedizinischen Methoden wurden fast immer die weiteren Termine festgesetzt. Auch die geschlossene Gruppentherapie in der psychosomatischen Klinik lief damals nach diesen Regeln ab.

Diese neue Art gefiel Anna. Sie fühlte sich akzeptiert und respektiert. Es war wichtig für sie, die nötige Zeit zu erhalten und ohne Druck zu sein.

Sie fragte sich, warum sie so enorme Probleme mit Druck- und Stresssituationen hatte.

***

Monate später traten erneut die Albträume auf, die sie schon als Kind und während des ersten Klinikaufenthaltes gehabt hatte. Jede Nacht träumte sie von dieser Schlange, die sie erwürgen wollte. Jede Nacht träumte sie von einem großen grünen Dackel, der sie verfolgte. Im Traum lief und lief und lief sie und kam nicht von der Stelle. Jede Nacht erwachte sie schweißgebadet.

Erneut wurden die Erlebnisse in ihrer Kindheit bei einem weiteren therapeutischen Termin näher betrachtet. Während der kinesiologischen Austestungen traten wieder die Ohrgeräusche auf, die rasenden Kopfschmerzen auch und sie fror so stark, dass ihre Zähne klapperten. Eine geleitete Entspannungsübung linderte zwar ihren Zustand, sie konnte sich aber kaum auf die Übung konzentrieren. Sie wurde unendlich traurig und die Tränen liefen über die Wangen. „Das überlebe ich nicht", dachte sie.

Ganz vorsichtig ging es in der Entspannungsübung weiter, einen Schritt nach dem anderen. Es konnte nichts passieren. Sie war ja in Sicherheit und in guten Händen.

Nach der Übung wurde ihr bewusst, dass ihr die erfahrene Ruhe plötzlich Angst bereitete. Sie dachte, sie würde sterben. Aber sie hatte es überlebt.

Langsam, ganz langsam kam sie jetzt offenbar an ihr eigentliches Problem heran. Sie sollte sich mit der Aufarbeitung noch etwas Zeit lassen und nur ganz kleine Schritte machen. Ihr Unterbewusstes wisse, wann die Zeit reif sei, das ganze Problem ohne die Gefahr von neuen Angst- und Panikattacken, Selbstmordgedanken, Depressionen und körperlichen Beschwerden aufzuarbeiten. Diese Zeit wollte sie sich geben.

***

Eine der meditativen Entspannungsübungen fand sie besonders schön.

Sie ging an einem langen weißen Sandstrand am Meer spazieren. Es war strahlend blauer Himmel, die Sonne schien. Das Wasser war ganz ruhig. Sie stieg in ein kleines Segelschiff und genoss die unendliche Freiheit draußen auf dem Wasser. Der Wind trieb das kleine Segelschiff stundenlang im Meer herum. Die Delphine tauchten ab und zu auf und begrüßten sie. Die Sonne versank ganz langsam mit einem wunderschönen Rot am Horizont im Meer. Es war ein phantastischer Anblick. Sie genoss die unendliche Weite, spürte die Freiheit und vor allem Ruhe.

Dieses Bild ging ihr nicht mehr aus Kopf und Gefühl und bedeutete: Ihre Problematik des Missbrauches in aller Ruhe und ohne Gefahren aufzuarbeiten.

Sie hoffte auf ein positiveres Leben.

***

Nach und nach gelang es ihr, die Erlebnisse aus ihrer Kindheit näher zu betrachten. Mit Hilfe der neuen Behandlungsmethoden setzte sie ganz langsam einen Schritt vor den anderen und drang ganz vorsichtig von mal zu mal tiefer in ihr Unterbewusstes. Die Erinnerungen von damals wurden immer deutlicher. Die belastenden Emotionen wurden Schritt für Schritt immer geringer.

Ab und zu tauchten noch körperliche Beschwerden auf. Diese konnten aber nach dem Ansprechen der Ursache und mit Unterstützung homöopathischer Mittel gebessert werden. Schließlich verschwanden sie ganz.

Immer während der Bearbeitung des Kindheitstraumas, also während der Sitzungen, tauchten die Angst- und Panikzustände und das Zittern leider erneut auf. Allerdings wurden jedoch die zeitlichen Abstände der seelischen Beschwerden immer größer und die Intensität immer geringer.

Im Laufe der Zeit konnte sie immer besser mit den Erinnerungen und den Gefühlen von Wut, Hass, Verzweiflung, Angst, Ausgeliefertsein, Hilflosigkeit, Einsamkeit und Ausweglosigkeit umgehen.

Zweifel

Es gab da noch etwas, das Anna immer wieder von neuem belastete - ihre eigenen Zweifel. Immer wieder hatte sie Phasen, in denen sie sich nicht sicher war, ob sie wirklich sexuell missbraucht worden war.

Immer wieder gab es Phasen, in denen sie sich nicht sicher war, ob der Täter wirklich ein naher Verwandter gewesen war. Außerdem zweifelte sie daran, ob sich der Missbrauch denn tatsächlich über Jahre hingezogen hatte.

Sie fühlte sich sehr unsicher. Sie befürchtete, dass man ihr ansah, was sie erlebt hatte. Ihre Freunde wussten über ihr Problem mehr oder weniger Bescheid und signalisierten ihr, dass man es ihr nicht ansah und dass sie sich bereits sehr verändert hätte. Sie konnte es nicht glauben.

Ihr bester Freund machte Anna klar, wie viel Kraft sie habe und dass sie es schaffen würde. Wie sehr sich ihr Leben bereits verändert hatte, zeigte sich unter anderem auch darin, dass sie sich bereits anders kleidete. Die Kleidung wurde wesentlich weiblicher, figurbetonter, farbiger - ja, sie traute sich sogar schon mit einem Minirock auf die Straße zu gehen.

Sie begann etwas Sport zu treiben, begann sich gesund zu ernähren, achtete mehr auf ihr äußeres Erscheinungsbild. Die neue selbstbewusste Körperhaltung fiel auf.

All diese Erklärungen halfen nicht; die Zweifel blieben erhalten. Sie hatte Angst verrückt zu werden und sich alles einzubilden. Sie glaubte schon, sie sei schizophren. Sie hatte große Angst, wieder in die Psychiatrie eingewiesen zu werden.

Ihre Zweifel wurden mehrfach kinesiologisch ausgetestet: Sind die Zweifel berechtigt? Ergebnis: Nein!

Der sexuelle Missbrauch in ihrer Kindheit, der über Jahre stattfand, war keine Einbildung. Auch dass der

Täter ein naher Verwandter gewesen war, war keine Einbildung.

Langsam begann sie sich wieder besser zu fühlen. Sie schöpfte wieder neue Kraft und Mut, um den begonnenen Weg fortzusetzen.

***

Die Zweifel aber blieben trotzdem. An manchen Tagen war sie sich sicher, dass dies alles passiert sei; an anderen Tagen und Monaten fraßen sie die Zweifel und die damit verbundene Angst, verrückt zu sein, förmlich auf.

Es wurde ihr eine „Rückführung" vorgeschlagen, um ihre Zweifel endlich aus dem Weg zu räumen. Dies sei eine Methode, in der ganz gezielt die Erlebnisse von damals bis ins Detail bearbeitet würden - genau so wie es damals in ihrer Kindheit tatsächlich stattgefunden habe.

Die Rückführung würde in einem nicht-hypnotischen Zustand stattfinden, bei dem das Wachbewusstsein symbolisch ausgeschaltet wird, um besser mit dem Unterbewusstsein in Kontakt treten zu können. Die Rückführung würde im Liegen und bei geschlossenen Augen erfolgen.

Sie willigte ein.

***

Eine Woche später fand der erste Termin statt. Man einigte sich darauf, dass die Rückführung auf Kassette aufgenommen würde, damit hinterher genau verfolgt werden konnte, was in der Sitzung geschehen war.

Die Sitzung dauerte vier Stunden.

Anna war erschöpft. Auf dem Nachhauseweg machte sie einen Abstecher an einen See. Sie gönnte sich ihr Lieblingsessen im Wintergarten des Seerestaurants und genoss dabei die Ruhe der Natur und die Sonne. Es war ein wunderschöner Wintertag. Strahlend blauer Himmel, die Bäume voller Raureif und herrlicher Schnee. Sie liebt den Schnee.

Noch nie war es geschehen, dass sie mit Lust und Freude eine solche Situation genießen konnte. Sie erschrak heftig, als ihr bewusst wurde, dass es sogar ihre eigene und ganz persönliche Entscheidung war, dies zu tun, was sie jetzt getan hatte: Ihrem ganz persönlichen Lebensgefühl nachzugeben!

In diesem Moment fiel ihr das Bild aus der Entspannungsübung ein. Es war tatsächlich geschehen! Heute hatte sie zum ersten Mal ihr Segelschiff durch den Wind auf dem Meer treiben lassen - und sie war dabei ruhig geblieben und ihr war nichts passiert.

Es wurde endlich zur Gewissheit: Der sexuelle Missbrauch war tatsächlich passiert. Neu war: Sie erschrak nicht mehr davor. Die Angst, das Zittern, die Panik blieben aus!

Ihr Erstaunen war grenzenlos!

Es gab keine Zweifel mehr. Sie fühlte sich unendlich frei!

***

Etwa ein halbes Jahr später ergab eine erneute kinesiologische Austestung, dass die in der Rückführung angesprochenen Erlebnisse und Gefühle nun aufgearbeitet seien.

Doch die Albträume kehrten zurück und machten sie immer klarer auf eine konkrete Situation in ihrer Kindheit aufmerksam. Sie entschloss sich zu einer weiteren Rückführung.

Diese neue zweite Rückführung war jetzt notwendig geworden, um eine ganz bestimmte Situation von damals, die sie immer noch belastete, etwas genauer anzusehen und somit das Kindheitstrauma komplett aufzuarbeiten. Während dieser Rückführung konzentrierte sie sich ausschließlich auf diese spezielle Situation. Sie hatte sehr viel Angst. Sie musste aber durch diese Angst gehen. Es war wichtig, diese Angst jetzt neu zu durchleben, auch wenn es noch so große Schmerzen bereitete.

Sie durchlebte diese unwahrscheinliche Angst zusammen mit allen den Gefühlen von damals: Schmerz, Ausweglosigkeit, Hilflosigkeit und dem Herzstechen, den Lähmungserscheinungen in den Beinen und Füßen, dem Ohrensausen und den rasenden Kopfschmerzen.

Sie fühlte, sie war kurz vor dem Ziel.

Die Sitzung wurde wieder auf Kassette aufgenommen, um hinterher noch einmal hören zu können, was geschehen war. Diesmal verlief die Sitzung nicht so gelöst wie das letzte Mal. Anna war traurig, dass sich ihre Vermutungen bestätigt hatten.

Auf dem Nachhauseweg machte sie erneut einen Abstecher an den See. Diesmal traute sie sich auf das Rundfahrtschiff und fuhr über den ganzen See. Zu Hause angekommen, war sie sehr erschöpft und müde. Sie schlief tief und fest bis zum nächsten Morgen.

Als sie erwachte, verspürte sie eine tiefe Traurigkeit und wurde unruhig. Vorsichtshalber rief sie ihren Heilpraktiker an. Sie konnte beruhigt werden, denn die Reaktion sei normal. Es würde etwas dauern, bis sich die Emotionen komplett verwandelt hätten. Sie solle sich etwas Ruhe gönnen und ein paar Mal die Sitzungskassetten anhören. Es wäre wichtig, diesen Zustand zu akzeptieren, denn manche Dinge bräuchten ihre Zeit. Zur Not dürfe sie ihre Notfalltropfen einnehmen.

Als sie dann das erste Mal die aufgenommenen Kassetten aus den beiden Sitzungen anhörte, liefen bei ihr die Tränen.

Wieso ich? Was habe ich verbrochen?

Beim wiederholten Anhören der Kassetten ging es ihr dann bereits besser. Die Erlebnisse in ihrer Kindheit waren für sie offenbar so traumatisch gewesen, dass sogar während der Rückführung ihr Unterbewusstes versuchte, abzulenken. Sicher war das eine Form von

Selbstschutz, denn es kamen eine ganze Reihe Widerstände und Verdrängungen ans Tageslicht.

Sie war sich nun aber sicher, dass sie in der zweiten Rückführung das belastendste Erlebnis aus ihrer Kindheit bearbeitet hatte. Die Albträume blieben seitdem weg.

Trotzdem sollte es noch ungefähr ein Jahr dauern, bis das Erlebte und die damit verbundenen Emotionen und körperlichen Beschwerden aus der zweiten Rückführung komplett verarbeitet waren.

Hin und wieder tauchten noch Angst- und Panikzustände und das Zittern am ganzen Körper auf. Die Depressionen und Selbstmordgedanken waren jedoch gänzlich verschwunden.

Diese kleinen Rückfälle waren die Nachbeben nach einem großen Erdbeben.

***

Acht Jahre alternativmedizinischer Betreuung und Begleitung waren notwendig, um ans Ziel zu kommen.

Anna hatte es geschafft!

Sie hatte ihren sexuellen Missbrauch und die damit verbundenen Folgen in den Griff bekommen. Sie betrachtete nun das Ganze wie einen Krimi im Fernsehen. Sie sah sich diesen Krimi, in dem genau das passierte, was sie als Kind erlebt hatte, bis zum Schluss an. Dann stand sie auf und ging zum Fernseher, schaltete diesen ab, ging zu Bett und schlief ruhig und entspannt bis zum nächsten Morgen.

Auch wenn es ein langer, steiniger und oft schmerzhafter Weg war, den sie gegangen war, sie hatte ihn bewältigt. Sie hatte es geschafft, darauf zu vertrauen, dass alles gut wird.

Sie war gerade sechsunddreißig Jahre alt geworden.

Sie ging in ein ihr noch unbekanntes Leben ohne belastende Gefühle. Sie fühlte, dass die Zukunft noch einiges Positive für sie bereithielt. Sie war sich sicher, dass sie nie krank gewesen war, sondern zum Opfer gemacht worden war. Endlich war die innere Ruhe gefunden.

Tiefe Dankbarkeit stieg in ihr hoch. Sie betrachtete es als Geschenk, endlich völlig befreit ihre Tränen einfach fließen lassen zu können.

Sexuelle Gewalt und die Folgen

Das geheime Spiel

Wie hatte Anna als Kind dieses Trauma überlebt?

Ihr Großvater sprach von einem ganz tollen Spiel, das sie beide spielen würden. Dies solle aber ihr großes Geheimnis bleiben. Sie dürfe nichts verraten. Nur er und sie wüssten von diesem Geheimnis. Das Spiel gefiel ihr nicht, doch sie liebte ihren Großvater und vertraute ihm.

Um nicht auch noch in der Zeit, in der Anna und ihr Großvater sein Spiel nicht spielten, daran erinnert zu werden, gab es nur einen Ausweg: Alles, was mit seinem Spiel zusammenhängt, zu verdrängen.

Sie versuchte, in der verbliebenen Zeit etwas Schönes zu tun, um sich abzulenken. Sie sang Lieder, pflückte Blumen, malte Bilder, tanzte, fuhr mit ihrem Fahrrad und ihren Rollschuhen, schaukelte, baute im Winter Schneehäuser und Schneemänner, streichelte ihre Katze - sie spielte ihre eigenen schönen Spiele. Dabei war sie sehr in sich gekehrt und ruhig. Die Ruhe war für sie sehr wichtig, denn die Spiele mit ihrem Großvater waren für sie nicht ruhig. Großvaters Spiele waren purer Stress für sie.

Manchmal, wenn sie während ihrer stillen versunkenen Spiele von dieser inneren Unruhe geplagt wurde, musste ihre Puppe Sarah daran glauben. Sarah musste in dieser Zeit viel ertragen. Sie wurde geschimpft, ermahnt, bestraft, eingesperrt und verprügelt. Danach war Anna innerlich wieder ruhiger - wozu sind denn Puppen schließlich da.

Eines verstand sie nicht: Warum wollte ihr Großvater ausgerechnet mit ihr ein so komisches Spiel spielen? Warum war dieses Spiel so wichtig, dass es geheim bleiben sollte?

Vermutlich verstand sie die wirklich wichtigen Dinge der Erwachsenen nicht. Kinder sind eben Kinder und keine Erwachsenen, dachte sie sich. Kinder sind eben für viele Dinge der Erwachsenen nicht geschaffen.

Kinder vertrauen den Erwachsenen, vor allem den erwachsenen Verwandten. Bedingungslos!

Die Verwandten haben sie als Kinder ja genauso lieb, wie die Kinder ihre erwachsenen Verwandten lieb haben. Wieso sollte also ein Verwandter es schlecht mit einem Kind meinen? Die Erwachsenen wissen ja schließlich am besten, was gut für die Kinder ist!

Sie war sich sicher, dieses Spiel mit ihrem Großvater hatte sein Gutes. Sie verstand allerdings nicht, was gut daran sein sollte. Sie beschloss, wenn sie groß und erwachsen ist, dann wird sie ihren Großvater fragen, wieso das Spiel so wichtig war, dass es ein großes Geheimnis zwischen ihnen bleiben musste.

Anna hatte nie Gelegenheit bekommen, ihren Großvater zu fragen. Sie war sechs Jahre alt, als er starb. Alle Verwandten waren traurig darüber - sie nicht.

Endlich war ihr Großvater gestorben!

***

Jeden Morgen hatte sie dieselben Gedanken: Hoffentlich spielen wir heute nicht dieses komische Spiel! Wie muss ich mitspielen, damit ich endlich gewinne und wir dieses Spiel beenden können?

Jeder Tag war für Anna ungewiss.

Sie wusste nie, ob heute einer dieser Tage sein würde, an dem ihr Großvater mit ihr zusammen dieses geheimnisvolle Spiel spielen würde. Sie wusste nie, ob es heute bei dem Spiel neue Regeln geben würde. Sie wusste nie, wie lange dieses Spiel dauern würde.

Sie mochte dieses Spiel nicht.

An manchen Tagen war das Spiel ganz schnell beendet. An anderen Tagen hatte sie das Gefühl, dass das Spiel eine Unendlichkeit dauerte. Manchmal wollte ihr Großvater sie nur streicheln, manchmal wollte er, dass sie sich beide ausziehen und manchmal geschahen noch ganz andere Dinge.

An wenigen Tagen war der Großvater lieb zu ihr.

Meistens wusste Anna nicht, wie sie mit ihm spielen sollte, weil er böse war. Jeden Tag stand sie wegen der Ungewissheit unter großem Druck. Manchmal war dieser Druck so groß, dass sie nur eines denken konnte:

Wäre ich doch tot! Ich müsste dieses Spiel nicht mehr spielen.

Viele Jahre später, als sie bereits erwachsen war, wirkte sich dieser Druck und die Ungewissheit von damals auf ihr alltägliches Leben aus.

***

Sie war von Anfang an gezwungen ihre tiefsten Gefühle zu verdrängen. Hätte sie geweint, wäre sie wütend gewesen oder hätte sie irgendein Gefühl gezeigt, dann hätte sie das Geheimnis zwischen ihr und ihrem Großvater verraten. Sie hatte ja keine Ahnung, was dann geschehen wäre. Wenn sie irgendwie signalisiert hätte, dass sie und ihr Großvater ein ganz besonders Spiel spielen, dann hätten sicherlich ihre Eltern nachgefragt, was das für ein Spiel sei. Sie musste dieses Geheimnis unbedingt bewahren, denn vielleicht würde sonst alles noch viel schlimmer werden.

Anna ertrug dieses Spiel und schwieg.

Es waren immer wieder dieselben Gefühle, wenn sie dieses Spiel spielten. Diese Gefühle waren tief in ihrem Inneren verborgen, aber sie konnte sie trotzdem spüren.

Sie hatte Angst.
Angst davor, was bei diesem Spiel passieren würde.
Angst davor, dieses Spiel nicht zu überleben.
Angst davor, dass heute dieses Spiel wieder unendlich lange dauern würde.
Angst davor, dass die Regeln des Spieles noch schmerzhafter werden könnten.
Die Angst schnürte ihr den Hals zu.

Sie hatte Mühe zu schlucken, denn in ihrer Speiseröhre steckte ein großer Kloß.
Sie hatte Mühe zu atmen, denn ein großer Stein drückte ihre Luftröhre zu.
Sie hatte das Gefühl zu ersticken.
Sie hätte schreien können und blieb dennoch stumm.

Tiefer Schmerz war in ihr.
Schmerz darüber, dass sie dieses ihr verhasste Spiel spielen musste.

Schmerz darüber, dass ihr Großvater nicht verstand, dass sie dieses Spiel gar nicht mochte.
Schmerz darüber, keinen Ausweg zu finden.
Der Schmerz saß tief in ihrem Herzen.

Ihr Herzschlag war laut, kräftig und sehr schnell.
Der Herzschlag war so stark, dass sie das Gefühl hatte, ihr Herz würde gleich zerreißen.
Das Herzstechen war so stark, als ob eine Speerspitze in ihr stecken würde.

Sie fühlte sich hilflos.
Hilflos, weil sie noch ein Kind war.
Hilflos, weil sie nichts über das Spiel erzählen durfte.
Hilflos, weil ihr Großvater viel größer war als sie.
Hilflos, weil jeder neue Tag ungewiss war.
Hilflos, weil sie das Spiel spielen musste.

Sie war klein wie ein Sandkorn, das man kaum sah.
Sie hätte sich gewünscht, dass das Sandkorn vom Wind weit weggeblasen würde.
Sie wollte weglaufen, konnte aber ihre Beine nicht bewegen. Sie war wie gelähmt.

Einsamkeit!
Einsam, weil sie während dieses Spieles so allein war.
Einsam, weil ihr niemand half.
Einsam, weil niemand merkte, wie es ihr wirklich ging.
Einsam, weil sie nach dem Spiel immer weggestoßen wurde.
Einsam, weil sie sich selbst nicht mochte.
Die Einsamkeit saß in ihrem Magen.

Dieser schmerzte, rumorte, gurgelte, brannte und drückte. Der schmerzende Magen führte dazu, dass sie fast nichts mehr essen konnte.

Verzweiflung!
Verzweifelt, weil es keine Antwort gab, wieso sie immer wieder dieses Spiel spielen musste.
Verzweifelt, weil sie nicht wusste, was dieses Spiel Gutes haben sollte.
Verzweifelt darüber, dass das Spiel kein Ende nahm.
Verzweifelt darüber, dass niemand außer ihr und dem Großvater von diesem Spiel wusste.
Die Verzweiflung war im Kopf.

Das Blut im Kopf pochte.
Der drohte zu platzen.
Ein stechender Schmerz zog sich durch die Schläfen.
In den Ohren war unentwegt ein Surren zu hören.
Die Augen brannten bei hellem Sonnenschein.
Mit einer Maske vor dem Gesicht herumlaufen, damit niemand sehen konnte, was war.

Ausweglos!

Niemand bemerkte, wie Anna wirklich zumute war.

Vergangenheit und Zukunft

Als Anna erwachsen war, holte sie die Vergangenheit ein.

Sie war unfähig geworden, ihre Bedürfnisse zu äußern. Nicht einmal einfachste Bedürfnisse konnte sie anderen mitteilen: Ich möchte jetzt essen, später ein

Buch lesen und dann ins Bett gehen und schlafen. Dies zu sagen war ihr unmöglich. Sie hatte Angst davor, ihre Bedürfnisse auszusprechen. Wie früher, als sie und ihr Großvater das Spiel spielten, hatte sie Angst. Was würde passieren, wenn sie einen Wunsch oder gar Unbehagen äußern würde? Früher während des Spieles durfte Anna ihre Bedürfnisse nicht äußern, wieso sollte sie es jetzt tun dürfen?

Sie war sich nie so ganz sicher, wie sie sich gerade fühlte: War sie traurig, war sie fröhlich, war sie ängstlich oder war sie zuversichtlich? Gezwungen, Gefühle zu unterdrücken - wie sollte sie jetzt wissen, wie es ihr geht? Wie sollte sie jetzt wissen, welches Gefühl sie gerade hat und wie sollte sie dieses beschreiben?

Der Panzerschrank, in den sie ihre Gefühle eingeschlossen hatte, gab ihr Schutz - nicht nur vor der Außenwelt. Niemand wusste, wie sie sich fühlte. Niemand konnte zu ihr durchdringen - nicht einmal sie selbst.

Die Angst, sich zu spüren war immer präsent. Gar zu erzählen, wie es ihr geht, kam nicht in Frage. Sie hatte - wie früher als Kind - Angst.

Einfach Angst. Wovor? Wenn sie das nur wüsste! Ihre Gefühle hatte sie ganz tief vergraben.

***

Sie hasste ihren Körper. Sie hasste ihn so sehr, dass sie am liebsten nur mit ihrem Kopf herumgelaufen wäre. Aber das ging nicht.

In der Freizeit bevorzugte sie Aktivitäten, die ihren Kopf und ihren Verstand forderten. Unternehmungen, die ihrem Körper gut tun würden, waren suspekt und auch ein wenig unheimlich.

Sie las viel oder spielte Klavier. Sport vermied sie weitestgehend. Denn hier hätte sie ja bemerkt, dass sie einen Körper besaß. Sie wollte ihren Körper aber nicht.

Der Hass auf ihren Körper ging soweit, dass sie sich im Sommer nicht eincremen konnte. Lieber nahm sie einen Sonnenbrand in Kauf. Den Sommer liebte sie sowieso nicht so sehr. Im Schwimmbad fühlte sie sich immer sehr unsicher. Immer hatte sie das Gefühl, dass sie von jedem angestarrt wird. Sie war ja nur mit einem Bikini bekleidet. Dass sie einen Körper besaß, war sehr unangenehm. Daher trug sie im Freibad immer zusätzlich ein T-Shirt oder warf sich ein Handtuch um ihren Körper - so war sie sicherer.

Der Winter war angenehmer. Jetzt konnte sie sich in viele Schichten Kleidung hüllen und diese wie eine Schutzmauer um sich herum tragen. Jetzt war ihr Körper durch die viele Kleidung versteckt. Sie wurde wesentlich weniger mit ihrem Körper konfrontiert. Im Winter war sie entspannter und ruhiger. Auch das Skifahren war vorteilhaft, da der dicke Skianzug Anna Schutz bot.

Lange waren in ihrem Kleiderschrank vorwiegend Hosen, langärmelige T-Shirts oder Blusen und vor allem lange, weite Pullover. Röcke waren selten. Auch Farben waren eher selten. Schwarze, graue oder braune Kleidung war gerade gut genug. Nur nicht mit der Kleidung zu sehr auffallen und zu weiblich wirken.

Mühe machte es, sich im Spiegel anzusehen. Nur war dies unumgänglich. Bevor sie in die Arbeit fuhr, blieb ihr nichts anderes übrig, als sich im Spiegel ansehen zu müssen und sich zurechtzumachen. Die Frisur, die Schminke und der Schmuck mussten ja zur Kleidung passen. Sie konnte ja nicht unordentlich auf die Straße gehen. Ihre Arbeit erforderte es zudem, dass sie gepflegt wirkte.

Sehr große Mühe machte das morgendliche Duschen, denn hier wurde sie direkt mit ihrem Körper konfrontiert. Am liebsten wäre ihr gewesen, sie hätte diese Angelegenheit mit geschlossenen Augen verrichten können. Teilweise machte sie ihre Augen auch zu.

Nackt! Und sich auch noch berühren!

Ob sie nun wollte oder nicht, unter der Dusche wurde ihr täglich schmerzhaft bewusst, dass sie in einem Körper lebte und gezwungen war, mit diesem zu leben. Ohne diesen verhassten Körper wäre das alles nie passiert - das in ihrer Kindheit.

Die Angst war beständig anwesend.

Die Angst, dass sie durch ihren Körper erneut in eine ausweglose Situation kommen könnte - wie als Kind. Wenn sie ihren Körper doch einmal ansah, dann kam sie sich schäbig vor und schämte sich.

Heute gibt es keine Probleme mehr im Schwimmbad.

Sie genießt es, im Bikini herum zu laufen. Sie genießt es, sich im Bikini zu sonnen. Außerdem geht sie mittlerweile sogar gerne in die gemischte Sauna.

Heute trägt sie auch Röcke - sogar Miniröcke - und Kleider. Heute kleidet sie sich weiblicher, ohne dabei unsicher oder nervös zu sein. Und sie kann sich lange im Spiegel ansehen.

Heute ist das morgendliche Duschen ein wichtiges Ritual geworden, für das sie sich sehr viel Zeit nimmt. Heute genießt sie es, sich einzucremen und ihre warme Hand zu spüren. Ohne das morgendliche Ritual kann heute der Tag nicht mehr beginnen.

Sie achtet sehr auf die Gesundheit ihres Körpers und ernährt sich von naturbelassenen Lebensmitteln. Sie ist Vegetarierin geworden.

Fast jeden Abend macht sie ihre chinesischen Entspannungsübungen, um ihren Körper im Gleichgewicht zu halten. Es ist ihr wichtig, möglichst jeden Abend Qi Gong zu machen.

Sie hat gelernt, ihren Körper zu lieben, schön zu finden und zu schätzen. Sie genießt es, Frau zu sein - und auch Komplimente für ihr Aussehen zu bekommen.

***

Dem Hass auf ihren Körper folgten die Schuldgefühle. An ihren Schuldgefühlen hatte sie am längsten zu arbeiten.

Sie war schuld, dass sie überhaupt auf der Welt war.
Sie war schuld, dass sie einen Körper hatte.
Ihr Körper war schuld, dass sie missbraucht worden war.
Sie war einfach an allem schuld.
Das machte ihr sehr zu schaffen.

Sie glaubte, dass sie durch ihr Aussehen (sie war ein nettes und durchaus hübsches Mädchen) und somit durch ihre bloße Existenz und ihren Körper den Großvater provoziert hatte. Sie hatte als kleines Mädchen eine sanfte und zarte Haut, trug Kleidchen und war einfach schnuckelig. Wäre sie hässlich gewesen, dann wäre das alles nicht passiert. Somit ist sie an allem schuld.

Immer wieder wurde ihr gesagt, dass alle kleinen Kinder eine sanfte und zarte Haut hätten. Immer wieder wurde ihr gesagt, dass alle kleinen Kinder schnuckelig aussehen würden. Immer wieder musste ihr erklärt werden, dass sie für das, was mit ihr gemacht worden war, nicht verantwortlich sei.

Auch mit einer runzeligen Haut und einem hässlichen Körper wäre sie nicht geschützt gewesen. Auch dann hätte der Missbrauch stattgefunden.

Es fiel ihr schwer, dies zu glauben. Sie wünschte sich insgeheim, wie ein Monster auszusehen. Dann wäre sie vor den Angriffen durch die Männer gefeit. Es wäre am besten gewesen, wenn sie giftgrüne struppige Haare, lange Arme, viel zu kurze Beine, blaue Haut und einen dicken, fetten Oberkörper gehabt hätte. Im Gesicht wären eine große knollige Nase, ein dicker Pickel und eine schuppige Haut gut gewesen. So hatte sie sich während ihrer Krankenhausaufenthalte auch gemalt.

Sie fühlte sich nach wie vor schuldig, weil ihr Körper makellos war.

Außerdem hatte sie sich nicht gewehrt. Sie hätte damals doch schreien, beißen oder um sich schlagen können. Aber sie ertrug das Spiel in aller Stille. Wie hätte sie sich denn mit vier Jahren wehren können? Anna fiel dazu nur eines ein: Wenn ich gar nicht erst existieren würde, dann wäre das alles nicht passiert. Aber sie war nun mal hier. Also, wie hätte sie sich wehren können? Wenn ich nur mit meinem Kopf ohne Körper herumgelaufen wäre, dann wäre das früher alles nicht passiert.

Wie kann sich ein Kind mit vier Jahren gegen einen großen Erwachsenen wehren?

Wie kann sich ein Kind voller Angst und in einer ausweglosen Situation wehren?

Wie?

Anna hatte keine Antwort.

Jahre mussten vergehen, bis sie endlich begriffen hatte, dass es nicht an ihrem Aussehen lag, dass dies alles passiert war. Lange Zeit verging, bis sie akzeptieren konnte, dass sie als Kind keine Chance hatte. Lange Zeit verging, bis sie endlich verinnerlicht hatte, dass sie keine Schuld traf.

***

Die Schuldgefühle als Folge des Hasses auf ihren Körper führten zur Selbstbestrafung und den suizidalen Absichten. Diese Selbstmordabsichten kamen immer dann hoch, wenn wieder das Gefühl überhand nahm, dass sie an allem schuld sei.

Sie entwickelte alle möglichen Vorstellungen davon, wie sie sich umbringen könnte. Es gab verschiedene Möglichkeiten. Vom Aufschneiden der Pulsadern über Tabletten schlucken oder sich mit einer Pistole in den Kopf schießen bis hin zu der Idee, sich den „goldenen Schuss" zu setzen oder sich von einer Brücke zu stürzen. Damals - mit vierundzwanzig Jahren -, als sie sich umbringen wollte, hatte sie einen Schutzengel gehabt. Heute - während ihrer Selbstmordgedanken - hatte sie ebenfalls einen Schutzengel, denn sie sollte sich nicht umbringen. Sie sollte weiterleben, um das Geschehene aufzuarbeiten.

In der Zeit als sie versuchte, ihr Kindheitstrauma zu bewältigen, hatte sie immer wieder das Gefühl, dass ihr Körper nach wie vor an allem schuld sei. Sie bestrafte sich dafür, indem sie mit Männern, die ihr fast fremd waren, die Nacht verbrachte. Wie als Kind ertrug sie deren sexuellen Handlungen in aller Stille. Wie als Kind unterdrückte sie alle damit verbundenen Gefühle. Sie äußerte keinerlei Bedürfnisse; ja sie ertrug sogar körperliche Schmerzen. Sie empfand nichts außer Leere.

Durch diese Nächte wurde sie in ihrer inneren Einstellung bestärkt: Alle wollen nur deinen Körper. Niemand will dich als Mensch. Dein Körper ist an allem schuld. Es wäre besser, wenn du nicht mehr auf dieser Welt wärst.

Der fatale Kreislauf war perfekt: Hass auf den eigenen Körper - Schuldgefühle - Selbstbestrafung - Selbstmordabsicht. Diesen Kreislauf zu durchbrechen, war die schwierigste Aufgabe.

Sie hat diesen Kreislauf durchbrochen. Es gibt keine Selbstmordgedanken mehr und Selbstbestrafung ist ein Tabu geworden.

Die Wut

Ein Gefühl war ihr völlig fremd und tauchte erst im Laufe der Jahre auf - die Wut.

Dieses Gefühl war so tief im Inneren begraben, dass sie nicht so recht wusste, wie es sich äußerte. Sie zu bitten, dieses Gefühl zu beschreiben, war aussichtslos. Sie konnte ja nicht einmal nachvollziehen, wieso andere Menschen wütend sein können.

Je mehr sie ihre Mitmenschen beobachtete, desto mehr wurde ihr klar, was Wut sein könnte. Verstandesmäßig war es ihr schon lange klar - aber emotional?

Erfuhr Anna Ungerechtigkeit, so blieb sie still. Es regte sich nur etwas in ihr, wenn andere Menschen schlecht behandelt wurden. Dann spürte sie kleine Ansätze von Wut. In solchen Situationen aktivierte sie ihren ausgeprägten Gerechtigkeitssinn und engagierte sich zum Beispiel bei Anmesty international. Betrafen Unrecht oder Verletzungen allerdings sie selbst, so war ihr nur eines möglich: Still hinzunehmen. Ein Bestandteil ihrer Therapien war es, dieses Gefühl der Wut, das so tief in ihr schlummerte, zu erwecken.

Anfangs war es ihr möglich, die Wut, die sie ansatzweise spürte, auszusprechen. Gelegentlich brach es aus ihr heraus: Die können mich doch alle mal oder ohne mich, das habe ich nicht nötig. Oder: So eine Frechheit, was bilden die sich denn überhaupt ein. Später war das permanent unterdrückte Gefühl der Wut nicht mehr aufzuhalten. Es brach dann einfach aus ihr heraus.

Sie musste es herausschreien. Dann ging sie in den Wald und schrie so laut, bis sie Halsschmerzen hatte.

Ein anderes Mal entdeckte sie einen Tennisschläger und ein Kissen. Sie drosch unentwegt mit dem Tennisschläger auf das Kissen ein und fing dabei an zu schreien. Völlig nass geschwitzt war sie nach mehreren Stunden endlich ruhig und befreit. Sie hatte es überlebt - der Tennisschläger nicht.

Djembe (Trommel) zu spielen, war noch besser. Längere Zeit hindurch war dies eine geeignete Möglichkeit, Reste der angestauten Wut loszulassen. Sie trommelte und trommelte und trommelte, ohne auf den Rhythmus zu achten. Wichtig war: Die Wut musste aus dem Körper heraus getrommelt werden.

Als die Wut endlich ihren Körper und ihre Seele verlassen hatte, fühlte sie sich frei und leicht.

Sie weiß jetzt, was Wut ist. Wut darf zugelassen werden!

Die Trauer

Ein weiteres Gefühl, das stark verdrängt war, tauchte auf - die Trauer. Dieses Gefühl beschäftigte sie bei weitem am stärksten. Das Gefühl der Trauer war für die Erlangung ihrer inneren Ruhe am wichtigsten.

Genauso wie bei der Wut, hatte sie keinen blassen Schimmer, wie sich Trauer anfühlen könnte. Die Menschen um sie herum, die traurig waren, weinten meistens.

Sie hatte aber gar keine Kraft zum Weinen. Sie war wie gelähmt.

Trauer in einem sehr langen dunklen Tunnel versteckt. Der Tunnel war so lange, dass kein Ende in Sicht war. Nicht ein einziger kleiner Lichteinfall war am Ende zu sehen. Je tiefer sie in ihr eigenes Unterbewusstes vordrang, desto größer wurde ihre Trauer. Je mehr sie sich mit ihrem Kindheitstrauma beschäftigte, desto intensiver wurde ihre Trauer.

Immer wieder tauchten die gleichen Fragen auf:

Wieso ich?

Was habe ich verbrochen?

Die Trauer war sehr groß. Sie fühlte sich ohnmächtig. Die Ohnmacht lähmte. Sie war so ohnmächtig und gelähmt, dass sie Depressionen bekam. Sie war unfähig, zu leben. Ihr war alles egal.

Egal, ob sie verhungerte oder verdurstete.
Egal, ob sie ihre Arbeit verlieren würde.
Egal, ob jemand sie vermissen könnte.
Egal, ob es Tag oder Nacht sein könnte.
Egal, ob sie lebte oder starb.

Resignation!

In dieser Zeit gab es nur einen Ort, an dem sie sich geborgen fühlte - ihr Bett. Tage und manchmal auch Wochen vergingen im selben Rhythmus. Sie lag in ihrem Bett und schlief und schlief und schlief.

Aber Schutzengel meldeten sich: Du musst zur Toilette gehen. Dann quälte sich Anna schließlich zur Toilette und flüchtete dann sofort wieder ins Bett.

Die Schutzengel waren hartnäckig. Sie gaben nicht so leicht auf: Du hast Hunger und Durst. Dann bereitete sie sich mühsam und unter großer Anstrengung etwas zu essen zu. Was sie aß oder trank, das war ihr egal. Es war ihr auch egal, ob das Essen schmeckte oder nicht. Irgendwann war der Kühlschrank leer geworden und die Vorräte waren aufgebraucht.

Die Schutzengel meldeten sich erneut: Du musst einkaufen gehen. Anna zog sich Pullover und Jeans über den Schlafanzug an. Wie sie aussah, war ihr egal. Es war ihr sowieso alles egal. Mühsam schleppte sie sich zum Lebensmittelladen an der Ecke.

Es schien gerade die Sonne und die Schutzengel meldeten sich abermals: Ein wunderschöner Frühlingstag. Ist es nicht herrlich, die Sonne im Gesicht zu spüren? Die wärmenden Sonnenstrahlen holten sie aus ihrer Resignation.

Die Schutzengel hatten gewonnen!

Der Lebenswille kam wieder. Sie suchte Hilfe. Sie hatte lange genug dahinvegetiert.

Die Depressionen wurden im Laufe der Zeit geringer. Die Trauer aber blieb - und sie bekam eine neue Qualität. Es gab dann irgendwann nur noch den einen Wunsch: Anna wollte endlich weinen - aber sie konnte nicht.

Sie fühlte sich wie ein riesengroßes Fass voller Tränen, das kurz davor war überzulaufen. Sorgsam achtete sie darauf, dass der Stöpsel des Fasses nicht herausgeschleudert wurde. Sie versuchte mit aller Kraft, diesen Stöpsel festzuhalten.

Sie hatte Angst, zu weinen.

Denn in dem Moment, indem sie weinen würde, könnte sie für nichts garantieren. In dem Moment, das wusste sie, war sie sehr verletzlich. In dem Moment würde sie ihr tiefstes Inneres zeigen und sich komplett öffnen. In diesem Moment könnte sie sich nicht mehr wehren - wie damals als Kind.

Eine Zeitlang hielt das Fass dem inneren Druck noch stand. Dann aber kam es zur Explosion. Der Stöpsel löste sich und das Überlaufen des Fasses war nicht mehr aufzuhalten.

Jetzt konnte sie weinen. Stundenlang! Tagelang!

Vom Weinen war sie schon ganz erschöpft - aber die Tränen kullerten ununterbrochen über ihre Wangen.

Richtige Weinkrämpfe!

Die Augen waren gerötet, die Nase entzündet und der Taschentuchberg hatte große Dimensionen erreicht. Doch das Weinen war gut. Als das Fass leer war, fühlte sie sich unendlich leicht. Sie fühlte sich so leicht wie eine Feder im Wind. Das war unglaublich schön!

Und: Niemand hatte sie während des Weinens schlecht behandelt oder verletzt! Sie brauchte also keine Angst mehr davor zu haben. Sie erfuhr, weinen und somit das Innerste zeigen, kann man ohne Gefahr.

Anders als damals, als sie noch ein Kind war.

Weitere Folgen

In Situationen, die sie als Druck oder Stress empfand, wurde sie unkonzentriert.

Schon in der Schule machte sich das bemerkbar. Schwierigkeiten gab es auch bei der Berufsausbildung und bei der Führerscheinprüfung. Vorstellungsgespräche bedeuteten den wahren Horror für sie.

In jeder Situation, von der sie nicht wusste, wie diese

ausgehen würde und ob sie sich richtig verhalten würde, wurde sie unkonzentriert, nervös und unruhig.

Sie hatte einen - allerdings trügerischen - Selbstschutz entwickelt, um dem Druck aus dem Weg zu gehen. Dieser scheinbare Selbstschutz glich einem totalen Blackout. Immer dann, wenn sich der Blackout einstellte, fühlte sie sich völlig leer. Dann hatte sie das Gefühl, als ob alles Wissen in ihrem Gehirn magnetisch heraus gezogen worden war. Sie war dann plötzlich unfähig - oder zumindest fühlte sie sich so -, einen vorher klaren Gedanken logisch aufzubauen und/oder konsequent zu Ende zu führen.

Sie versuchte, es sich nicht anmerken zu lassen. Mit voller Kraft und Anstrengung kämpfte sie gegen diese Leere im Kopf an. Sie wusste, dass sie die Prüfungen bestehen konnte oder dass sie das Vorstellungsgespräch erfolgreich führen würde. Aber in ihrem Kopf lief ein unglaublicher Kampf ab, der der Explosion eines Atomkraftwerkes glich.

In diesen Situationen fühlte sie sich wie damals als Kind. Sie sprach dann ohne Worte mit sich selbst und versuchte sich in solchen Situationen Mut zu machen: Bleibe ruhig! Dir kann nichts passieren. Du verhältst dich richtig. Du weißt, dass du die richtigen Antworten gibst. Deine Körperhaltung ist perfekt. Hab keine Angst.

Während sie mit sich einen Dialog führte, tauchten die alten Fragen auf. Was passiert heute bei dem Spiel? Hoffentlich verhalte ich mich heute richtig.

Ähnlich erging es ihr während der ganzen Schulzeit. Wenn sie auf der Bühne auftreten sollte, um Klavier zu spielen, begann sie am ganzen Körper zu schwitzen. Der Schweiß lief ihr den Rücken herunter. Äußerlich sah man ihr nichts an. Aber innerlich führte sie wieder diesen Dialog. Jede Situation, in der sie tatsächlich oder auch nur scheinbar im Mittelpunkt stand, empfand sie als Stress.

Stresssituationen waren zum Beispiel neue Kleidung im Kaufhaus anprobieren, reden vor einer Gruppe, ihrem Chef Verbesserungsvorschläge unterbreiten oder auch nur Qi Gong in einer Gruppe zu erlernen. All dies waren Situationen, die sie als Druck empfand. In all diesen Situationen war sie vor lauter Angst nie sicher, ob sie sich richtig verhalten würde. In all diesen Situationen war sie nie sicher, ob irgendetwas Schlimmes passieren würde.

Mühsam gelang es ihr im Laufe der Jahre, die Stresssituationen als ganz normale Situationen des alltäglichen Lebens zu betrachten.

***

Ihre Angst vor Neuem und Unkalkulierbarem führte so weit, dass sie versuchte, möglichst jede Situation zu planen und jeden einzelnen Schritt kontrollieren zu können. Die Folge war eine minutiöse Alltags- und Freizeitplanung. Wann sie morgens aufstand, wie lange sie duschte, wie lange sie frühstückte, wie lange sie ein Buch las, wie lange sie Klavier spielte. Das alles verlief nach einem starren Stundenplan und nicht nach ihren Bedürfnissen oder ihrer Tagesform. Ob sie am

Wochenende einen Spaziergang machen würde oder nicht, hing nicht von ihrem Wollen ab, sondern ausschließlich davon, ob dies vorher in ihrer Planung festgelegt worden war. Selbst auf so etwas Alltägliches wie auf eine Wetteränderung konnte sie nicht flexibel reagieren. Wenn schwimmen im Hallenbad geplant war, so führte sie dies durch - auch wenn es wider Erwarten draußen heiß war, die Sonne schien und ein Besuch im Freibad angenehmer gewesen wäre.

Spontane Entscheidungen gab es keine.

Spontaneität machte Angst, denn Spontaneität hatte Ungewissheit zur Folge. Unvorhergesehene Situationen, die nicht planbar waren, wie zum Beispiel ein längerer Anruf eines Freundes oder ein kurzfristig angesagter Besuch, machten sie sehr unruhig. Immer wieder fühlte sie sich bei Neuem und Unkalkulierbarem wie als Kind mit denselben Fragen konfrontiert:

Was passiert heute? Wie muss ich mich verhalten?

Mit der Zeit konnte sie auch diese Folgen ihres Traumas auflösen.

***

Besonders suspekt waren für Anna Männer, die es „gut" mit ihr meinten. Solange diese dunkle Haare hatten, fand sie das noch in Ordnung. Hatten diese Männer aber blonde Haare und erinnerten sie an ihren Großvater, dann war es unverständlich, fast schon bedrohlich, dass diese Männer es „gut" mit ihr meinen konnten.

„Gute" Männer waren Männer, die sie ernst nahmen.
Männer, die sie respektierten.
Männer, die sie akzeptierten.
Männer, die ehrlich zu ihr waren.
Männer, die nicht nur Spaß mit ihrem Körper wollten.
Männer, die ihr zuhörten.
Männer, die sie trösteten, wenn sie traurig war.
Männer, die mit ihr fröhlich waren.
Männer, die mit ihr lachten.

Kurz: Männer, die sie liebten.

Annas Partner mussten viel Geduld, Verständnis und Einfühlungsvermögen aufbringen. Jede noch so kleine Regung vor allem im Gesicht ihrer Partner, die sie an ihren Großvater erinnerte, war bedrohlich. In solchen Situationen wechselte ihre Reaktion vor lauter Angst von einer Minute zur anderen.

Hatte sie zuvor noch herzhaft gelacht, war sie eine Minute später aggressiv. War sie zuvor noch agil und unternehmungslustig, war sie eine Minute später in sich gekehrt und zog sich zurück. Konnte man sie vorher noch streicheln, war sie eine Minute später unnahbar.

Sie musste erst lernen, dass von ihren Partnern keine Gefahr ausging. Sie musste außerdem erst begreifen, dass sie sich als Erwachsene wehren konnte, falls doch in irgendeiner Weise Gefahr bestehen sollte. Außerdem musste sie lernen, dass sie jederzeit eine unangenehme Beziehung beenden konnte.

Durch diese positiven Erfahrungen in ihren Beziehungen hatte sie erfahren, dass nicht alle Männer so sind wie ihr Großvater.

Sie hatte auch verstanden, dass sie nie wieder ein so komisches Spiel spielen musste - so wie damals als Kind.

***

Die Angst- und Panikattacken waren die hartnäckigsten Teile in ihrem Kampf um sich selbst. Immer wieder kam es zu Rückfällen, in denen diese auftraten. Die Zeitabstände zwischen den Rückfällen wurden allerdings immer größer und die Intensität der Beschwerden nahm kontinuierlich ab.

Angst- und Panikzustände tauchten meist auf, wenn sie sich an das früher Erlebte erinnerte, an ihre Hilflosigkeit und Ausweglosigkeit.

An die emotionalen Schmerzen.

An die Gefühle von damals.

An ihren Großvater.

War sie bei diesen Angstzuständen in ihrer Wohnung, so kauerte sie sich in eine Ecke. Sie machte sich ganz klein. Anfangs fror sie so stark, dass sie mit den Zähnen klapperte und hüllte sich in eine Wolldecke. Danach begann sie zu schwitzen. Dann musste sie immer schneller atmen, bis sie fast keine Luft mehr bekam.

Doch solche Angstzustände bekam sie auch außerhalb

ihrer Wohnung. Dann sah sie sich ständig in ihrer Umgebung um. Ihre Augen schweiften von links nach rechts, von rechts nach links. Unentwegt war Anna in einer beobachtenden Haltung. Begegnete sie einem Mann, der ihrem Großvater ähnlich sah, geriet sie in Panik und häufig in Todesangst. Dann gab es nur noch eines: Laufen, laufen und noch einmal laufen. Sie musste so schnell wie möglich weg. Aber die Todesangst führte dazu, dass sie erstarrte - wie zu einem Stein.

Schwer und bewegungslos!

In solchen Situationen meldeten sich meist wieder die Schutzengel. Dann biss sie sich auf ihre Lippen, bis sie schmerzten und ermutigte sich selbst: Nimm deine ganze Kraft zusammen. Bleibe ganz ruhig. Dir kann nichts passieren. Gehe weiter deinen Weg.

In diesen Angst- und Panikzuständen half die Notfall-Bachblüte und nach den beiden Rückführungen blieben Angst und Panik aus.

Zwölf Jahre nach ihrem Selbstmordversuch war sie am Ziel: Das Trauma hatte keine Bedeutung mehr.

Verzeihen

Während Anna dabei war, ihr Kindheitstrauma aufzuarbeiten, stellten sich immer wieder die gleichen Fragen:

Wo waren damals ihre Eltern gewesen?

Wieso hatten ihre Eltern nichts bemerkt?

Wenn ihre Eltern etwas bemerkt haben sollten, warum haben sie sie dann nicht beschützt?

Warum ließen ihre Eltern sie allein?

Sie kann sich bis heute an den Tag erinnern, als ihr Großvater starb. Sie war gerade erst sechs Jahre alt geworden. Es war ein Dienstag im Juni.

Ihre Eltern und Großeltern wohnten gemeinsam in einem Haus und da ihr Großvater zu Hause starb, wurde der Sarg vor dem Abtransport im Flur aufbewahrt. Als der Sarg noch offen stand, meinte ihr Vater, dass sie den Großvater noch einmal ansehen könne, denn: Jetzt wird er ihr nichts mehr tun können.

Diese Worte waren für Anna die Bestätigung, dass ihre Eltern Bescheid gewusst haben mussten. Jedes Mal, wenn sie an den Todestag ihres Großvaters und an die Aussage ihres Vaters dachte, wurde sie wütend und traurig zugleich.

Sie war sehr enttäuscht. Wenn ihre Eltern Bescheid wussten, warum hatten sie damals nicht eingegriffen?

Unbedingt musste sie so viel wie möglich über ihre Eltern erfahren, damit sie deren Verhalten verstehen konnte. Sie wusste allerdings, dass konkrete Fragen nicht beantwortet werden würden. Die Frage: „Wieso habt ihr, obwohl ihr wusstet, dass ich von Großvater missbraucht wurde, nicht eingegriffen?", sollte Anna besser nicht stellen.

Sie beschloss, das Ganze subtiler anzugehen. Immer wieder stellte sie daher ihren Eltern Fragen über deren Kindheit und deren Leben. Auf die Fragen, wie sie als Kind aufgewachsen sei, bekam sie nur wenige Antworten.

Annas Mutter kam aus einer armen Familie. Sie hatte noch vier Geschwister - eine Schwester und drei Brüder. Sie war die älteste der Geschwister. Die Eltern ihrer Mutter mussten während des Krieges ihre Heimat verlassen und fingen in Deutschland ohne Hab und Gut ein völlig neues Leben an. Ihre Mutter als älteste musste auf ihre Geschwister aufpassen und schon sehr früh Verantwortung übernehmen. Zu siebt lebten sie alle zusammen in zwei Zimmern. Die Eltern ihrer Mutter stritten fast jeden Tag, weil sie nicht wussten, wie sie ihre Kinder ernähren sollten. Ständig lebte Annas Mutter in Angst, denn sie wurde mit Angst erzogen. Bei allem, was die Kinder unternahmen, hieß es: Vorsicht, passt auf, es könnte etwas passieren! Für eine positive Entfaltung blieb keine Zeit. Einmal äußerte ihre Mutter einen entscheidenden Satz: Meine Kindheit war die reinste Hölle. Ich beschloss, mit achtzehn Jahren von zu Hause weg zu gehen - egal wie.

Ihr Vater hingegen war ein Einzelkind und lernte erst mit ungefähr acht Jahren seinen eigenen Vater richtig kennen, als dieser nach dem Krieg aus der Gefangenschaft nach Hause zurückkehrte. Annas Vater wurde von seinen Eltern ziemlich allein gelassen. Es interessierte seine Eltern nicht, ob er in der Schule zurechtkam. Es interessierte seine Eltern auch nicht, ob er einen Ausbildungsplatz finden würde, geschweige denn, welchen Beruf er überhaupt ergreifen wollte. Außerdem wurde in der Familie ihres Vaters nie über Probleme gesprochen - es gab einfach keine Probleme oder noch besser: Es hatte keine Probleme zu geben.

Annas Eltern mussten sehr jung heiraten. Ihre Mutter war gerade erst achtzehn Jahre alt geworden, ihr Vater war zwanzig. Warum mussten ihre Eltern heiraten? Ganz einfach, ihre Mutter war schwanger - mit Anna. Damals wäre es in einem kleinen Ort undenkbar gewesen, nicht zu heiraten, wenn ein Kind „unterwegs" war. Ein uneheliches Kind kam nicht in Frage. Was würden denn die Leute über diese Schande denken?

In ihrem ersten Lebensjahr wurde Anna von den Großeltern aufgezogen, denn ihre Mutter musste arbeiten gehen. Als sie ein Jahr alt war, kam ihre Schwester Luisa zur Welt. In dieser Zeit hatten ihre Eltern dieselben Probleme wie damals die Eltern von Annas Mutter. Wie sollten sie ihre beiden Kinder ernähren?

Ihr Vater arbeitete fast rund um die Uhr; doch das Geld reichte hinten und vorne nicht. Unterstützt wurden ihr Vater und ihre Mutter von den Eltern mütterlicher- und väterlicherseits. Dies brachte aber neue Probleme mit sich. Sowohl die Eltern von Annas Mutter als auch die Eltern ihres Vaters verlangten für ihre Unterstützung eine Gegenleistung: Mitspracherecht! Ihre Eltern waren sehr jung und unerfahren und hatten keine andere Wahl.

Die Großeltern mischten sich dauernd ein. Entweder Anna und Luisa wurden ihrer Meinung nach völlig falsch erzogen oder ihnen passte ihr jeweiliges Schwiegerkind nicht. Die eine Großmutter vertrat die Ansicht, dass Kinder schon irgendwie aufwachsen würden. Hauptsache sie haben ein Dach über dem Kopf, etwas zum Anziehen und jeden Tag eine warme Mahlzeit. Die andere Großmutter war der Meinung, Anna und Luisa müssten strenger erzogen werden und vor allem gehorchen. Die Großväter waren meistens gar keiner Ansicht, sondern schwiegen.

Für die notwendige Liebe, Zuneigung, Aufmerksamkeit und Schutz war in Annas Kindheit und der ihrer Schwester kein Platz gewesen. Ihre Eltern waren hoffnungslos überfordert.

Je mehr sie sich mit dem Handeln und dem Leben ihrer Eltern auseinander setzte, desto mehr begriff sie, dass ihre Eltern damals in genauso einer ausweglosen Situation waren wie sie selbst. Ihre Eltern hatten einen sehr harten Existenzkampf zu führen. Wie hätte es ihnen in solch einer Situation möglich sein sollen, über das Spiel, das ihr Großvater mit ihr spielte, zu sprechen? Wie hätten sie mit solch einer Thematik - die ihnen völlig fremd war, die in ihrer Gedankenwelt überhaupt nicht vorkam, der sie hilflos gegenüber gestanden wären - umgehen sollen? Wie hätten sie, belastet mit all ihren eigenen Problemen, eingreifen können? Wenn ihre Eltern den Missbrauch angesprochen hätten, wäre ihre Existenz auf dem Spiel gestanden.

Die eine Großmutter hätte sicherlich als Kommentar abgegeben: In unserer Familie kommt so etwas nicht vor. Die andere Großmutter hätte zu verstehen gegeben, dass Annas Erzählungen nicht ernst zu nehmende

Phantasien eines Kindes seien. Der eine Großvater hätte wie immer geschwiegen. Der andere Großvater, der mit ihr das Spiel spielte, hätte sicherlich alles abgestritten.

Annas Eltern hatten keine andere Wahl, als die Augen zu verschließen. Sie waren gezwungen, genau dasselbe zu tun wie sie selbst.

Verdrängen, um zu überleben!

Vielleicht hätten ihre Eltern einen Ausweg gefunden?
Vielleicht hätten ihre Eltern sie beschützen können?
Vielleicht zweifelten ihre Eltern bereits an sich selbst, weil sie ihr Kind nicht beschützen konnten?
Vielleicht hatten ihre Eltern bereits Schuldgefühle?

Die Antworten auf diese Fragen waren aber nicht relevant, denn Anna hatte für sich eine Lösung gefunden. Ihre Eltern waren durch ihre Erfahrungen in der eigenen Kindheit nicht fähig, sich mit den Ängsten und Nöten ihrer Kinder zu befassen.

Sie musste in ihrem Leben und mit der Rolle einer sexuell Missbrauchten - mit der Rolle als Opfer - selbst zurechtkommen. Ihre Eltern müssen mit ihrer eigenen Rolle leben.

Anna verzieh ihren Eltern.

Dem Täter verzeihen

Wie aber sollte sie ihrem Großvater verzeihen? Viele Jahre hatte sie sich gefragt, wieso ihr Großvater mit ihr dieses Spiel gespielt hatte? Sie wollte ihn, wenn sie erwachsen war, danach fragen.

Doch es war gut, dass ihr Großvater starb, als sie sechs Jahre alt war. Vermutlich hätte Anna ihn als Erwachsene für das damalige Spiel umgebracht, wäre verurteilt worden und müsste nun im Gefängnis ihre Strafe verbüßen.

Es fiel ihr schwer zu akzeptieren, dass ihr Großvater mit ihr dieses Spiel gespielt hatte. Sie war auf der Suche nach Antworten - doch sie hat nie welche bekommen.

Immer wieder stellte sie sich dieselben Fragen:

Wieso?
Warum mein Großvater?
Liebte er mich denn nicht?

Nach vielen Jahren des Suchens nach adäquaten Antworten hatte Anna eine Vermutung, die für sie begreifbar schien. Diese Vermutung war für sie die Antwort auf das „Warum".

Vielleicht war ihr Großvater selbst sexuell missbraucht worden?
Vielleicht hatte er nie eine Chance erhalten, dieses Erlebnis aufzuarbeiten?

Wenn dem so gewesen sein sollte, dann blieb ihrem Großvater vermutlich keine andere Wahl, als dasselbe zu tun wie sie selbst auch gemacht hatte: Alles verdrängen, um zu überleben.

Vielleicht musste der Großvater von klein auf alle Gefühle unterdrücken. Vielleicht war er in einer genauso ausweglosen Situation wie sie selbst. Vielleicht empfand er dasselbe wie sie und musste später in ähnlicher Weise mit den Folgen zurechtkommen.

Vermutlich hatten sich die Folgen bei ihrem Großvater anders entwickelt als bei ihr. Vermutlich, denn er hatte wohl keine Chance erhalten. Sie stellte sich immer wieder vor, wie es wohl ihrem Großvater ergangen sein könnte. Wie sollte er mit all den Gefühlen und den Folgen fertig werden, falls er keine Chance erhalten haben sollte?

Sie dachte an die Folgen, die sie selbst erlebt hatte: Unfähigkeit, Bedürfnisse zu äußern; Unfähigkeit, ihre Gefühle zu leben; Hass auf den eigenen Körper; Schuldgefühle; Wut; Trauer und vieles andere.

Wie sollte ihr Großvater mit all dem fertig werden? Vermutlich gab es für den Großvater nur einen Ausweg, um damit leben zu können: Das geheime Spiel mit Anna.

All dies waren für Anna Gründe, zu versuchen, das Verhalten ihres Großvaters zu verstehen.

Was aber, wenn ihr Großvater nicht sexuell missbraucht worden war?

Es gab noch weitere plausible Erklärungen, wieso ihr Großvater mit ihr dieses Spiel gespielt hatte.

Vielleicht hatte er andere schreckliche Dinge erlebt?

Nachdem er eines von fünfzehn Kindern war, musste er vielleicht hungern. Oder er musste schon sehr früh arbeiten gehen, weil er vielleicht sehr früh Vater und Mutter verloren hatte. Es könnte aber auch sein, dass er von seinen Geschwistern getrennt wurde, weil sie alle Waisenkinder waren. Sie vermutete weiterhin, dass ihr Großvater vielleicht geschlagen worden sein könnte oder schon als kleines Kind völlig auf sich allein gestellt gewesen war. Vielleicht musste er aber auch mit ansehen, wie jemand, der ihm nahe stand, auf tragische Weise ums Leben gekommen war. Vielleicht hatte ihr Großvater während des Krieges Menschen töten müssen und hatte nun Probleme, damit fertig zu werden. Oder er wurde während seiner Kriegsgefangenschaft gefoltert.

Es gab viele Vermutungen und doch erfuhr Anna nie, was ihr Großvater wirklich in seinem Leben alles durchgemacht hatte. Sie vermutete nur eines: Irgendetwas Schreckliches muss er erlebt haben, denn sonst hätte er mit ihr dieses Spiel nicht gespielt.

Es gab für Anna noch eine andere Möglichkeit, sich das verhängnisvolle und folgenschwere Spiel ihres Großvaters zu erklären: Ihr Großvater war krank. Vielleicht hatte er irgendeine unerkannte Krankheit in seinem Gehirn. Vielleicht hatte er eine Persönlichkeitsstörung und war zum Beispiel schizophren. Vielleicht war er verrückt. Oder mit seinen Genen war irgendetwas nicht in Ordnung. Vielleicht musste er Medikamente einnehmen, die so starke Nebenwirkungen hatten, dass er nicht mehr richtig denken konnte. Vielleicht wusste er nicht, was er tat.

Eines war sicher: Anna würde nie den Grund für dieses Spiel erfahren!

***

In einer der Rückführungen hatte sie es geschafft, ihrem Großvater zu verzeihen. Danach fühlte sie sich befreit. Sie empfand tiefes Mitgefühl und Bedauern für ihn.

Anna hatte ihre innere Ruhe gefunden.

Sie hatte folgendes begriffen:

Jeder Mensch macht seine Erfahrungen im Leben.

Jeder Mensch hat seine ganz eigene Geschichte.

Jeder Mensch hat seine Schwächen, wie auch immer diese aussehen mögen.

Jeder sollte versuchen, seinen Mitmenschen ihr Handeln zu verzeihen.[1]

---

[1] An dieser Stelle sei ein Gedicht zitiert, das Robert Müller, stellvertretender Generalsekretär der Vereinten Nationen für die „Internationale Woche des Verzeihens 1986 bis 1988" geschrieben hat (Abdruck mit freundlicher Genehmigung der UN).

Entscheidung zur Vergebung

Entscheide dich zu verzeihen,
denn Nachträglichkeit ist negativ,
Nachträglichkeit vergiftet.
Hass und Groll zehren am Selbst und lassen es
schrumpfen.
Als erster musst du es sein, der vergibt,
der lächelt und der den ersten Schritt tut.
Und du wirst das Glück blühen sehen
auf dem Gesicht deines Mitmenschen,
Bruders oder Schwester.
Sei du immer der erste.
Warte nicht, dass andere vergeben,
denn durch dein Verzeihen
wirst du Herrscher über das Schicksal.
Du gestaltest das Leben, du tust Wunder.
Vergeben ist die höchste und die schönste Form der
Liebe.
Dafür wirst du unermesslichen Frieden erhalten
und vollkommenes Glücksempfinden.

Alternative Methoden

Bevor näher auf die Bach-Blütenessenzen, die Huna-Lehre (hawaiianischer Schamanismus), die alternativmedizinische Methode Kinesiologie und auf die Rückführungstherapie nach Dr. Sigdell eingegangen wird, sollen kurz die Begriffe Krankheit und Heilung zum besseren Verständnis erläutert werden.

Was ist Krankheit?

Mechthild Scheffer zitiert hierzu Dr. Bach: „Krankheit ist weder Grausamkeit noch Strafe, sondern einzig und allein ein Korrektiv; ein Werkzeug, dessen sich unsere Seele bedient, um uns auf unsere Fehler hinzuweisen, um uns von größeren Irrtümern zurückzuhalten, um uns daran zu hindern, mehr Schaden anzurichten - und uns auf den Weg der Wahrheit und des Lichts zurückzubringen, von dem wir nie hätten abkommen sollen."

Was ist Heilung?

Hierzu sagt der Heilpraktiker Peter Friedrich: „Heilung bedeutet die tiefste Lebensproblematik eines Menschen zu erkennen, näher zu betrachten und schließlich aufzulösen. Nach der Auflösung kann der Betreffende neue Strukturen und Wege gehen beziehungsweise leben."

Bachblüten

Dr. Edward Bach, Entdecker der Blütenessenzen

Der englische Arzt Dr. Edward Bach, der von 1886 bis 1936 lebte, entdeckte die Bachblüten. Nach seinem Medizinstudium arbeitete Dr. Bach in einem Krankenhaus, in dem mit homöopathischen Mitteln behandelt wurde. Dort lernte er die Lehren der klassischen Homöopathie, deren Begründer Samuel Hahnemann war, kennen.

Aufgrund einer schweren Tumorerkrankung, durch die er laut ärztlicher Prognose nur noch wenige Monate zu leben hatte, begab sich Dr. Bach auf die Suche nach Pflanzen. Die Blütenessenzen sollten natürlichen Ursprungs sein und auf die Gemütszustände der Menschen einwirken.

Im Alter von 43 Jahren, nachdem Dr. Bach seine Krankheit überwunden hatte, fand er die ersten drei Blüten. Seinen Beruf als Arzt hatte er mittlerweile aufgegeben, um weitere Pflanzen zu suchen. Am Ende hatte Dr. Bach achtunddreißig Blütenessenzen gefunden. Mit diesen Essenzen war es möglich, die von Dr. Bach beobachteten Gemütszustände zu behandeln.

Genauso wie Samuel Hahnemann testete er die Wirkungen seiner entdeckten Blüten an sich selbst. Dabei musste er oft schwere körperliche und seelische Beschwerden durchleben. Erst nach den vielen Erfahrungen durch seine Selbstversuche wandte er die Blütenessenzen kostenlos an Patienten an, um weitere Erkenntnisse zu gewinnen.

Dr. Bachs Vision

Dr. Edward Bach war der Auffassung, dass die Heilkunst der körperlichen Behandlungsmethoden zu einer Heilkunst des spirituellen und geistigen Heilens weiterentwickelt werden muss.

Hierzu zitiert Mechthild Scheffer Dr. Bach wie folgt: „ (...) Somit wird der Arzt der Zukunft zwei große Ziele haben: Das erste wird sein, dem Patienten zur Kenntnis über sich selbst zu verhelfen und ihn auf die fundamentalen Irrtümer und Fehler hinzuweisen, die er begehen kann. (...) Er muss imstande sein, dem Leidenden zu raten, welche Arten des Handelns gegen die Einheit er aufgeben und welche notwendigen Tugenden er entwickeln muss. (...) Bei der korrekten Behandlung darf nichts Verwendung haben, das dem Patienten seine Eigenverantwortung abnimmt, sondern es dürfen nur solche Maßnahmen gebraucht werden, die ihm helfen, seine Fehler zu überwinden. Die zweite Pflicht des Arztes wird darin bestehen, solche Heilmittel zu verabreichen, die dem materiellen Körper helfen, Kraft zu gewinnen, und dem Geist helfen, ruhig zu werden, seinen Horizont zu weiten und nach Vollkommenheit zu streben; die also Frieden und Harmonie in die ganze Persönlichkeit einkehren lassen. (...)."

Wirkungsweise der Bachblüten

Im Laufe der Jahre und durch seine unermüdlichen Forschungen wendete sich Dr. Bach von der modernen wissenschaftlichen Medizin ab. Diese Medizin befasst sich ausschließlich mit der Behandlung von körperlichen Symptomen, ohne dabei die Ursache der Krankheit zu berücksichtigen. Durch seine Erfahrungen und Erkenntnisse war Dr. Bach von einem überzeugt: Jede körperliche Krankheit hat eine seelische Ursache.

Dr. Bach hatte folgende Vorstellung vom Menschen: Jeder Mensch ist einmalig mit seinen ganz individuellen Stärken und seiner ganz individuellen Lebensaufgabe. Durch die Prägung während der Kindheit und durch die Erfahrungen im Leben vergisst der Mensch seine Einmaligkeit. Diese Einmaligkeit ist aber nicht verloren, sondern der Mensch kann sich nicht mehr an sie erinnern. Die Prägung, Erfahrungen und das Vergessen der Einmaligkeit kann - wie es Dr. Bach nannte - zu negativen Gemützzuständen wie zum Beispiel Unzufriedenheit, Mutlosigkeit, Angst oder Traurigkeit führen. Diese negativen Gemützzustände können zu negativen Gemützsymptomen führen, die sich in körperlichen Krankheiten wie zum Beispiel Magenproblemen, Herz-Kreislauf-Beschwerden oder anderem äußern. Somit sollte jede Erkrankung als Warnhinweis verstanden werden, denn der Einzelne ist von seiner Lebensaufgabe abgekommen.

Sigrid Schmidt sagt zu diesem Thema: „Die Lebensaufgabe eines jeden Menschen sah Bach darin, Charaktereigenschaften zu entwickeln, die es ihm ermöglichen, stets der eigenen Individualität gewahr zu sein, den richtigen Lebensweg einzuschlagen und ihm unbeeinflusst zu folgen, mit anderen Menschen in verständnisvoller Weise umzugehen, ohne die eigenen Bedürfnisse zu vernachlässigen.“

Die Bachblütentherapie hat zum Ziel, die Harmonie im Menschen wieder herzustellen und die Selbstheilungskräfte zu aktivieren.

Der Mensch besteht nicht nur aus einem grobstofflichen physischen Körper, sondern auch aus einem feinstofflichen Energiekörper. Sowohl die negativen als auch die positiven Gemütszustände äußern sich in dem feinstofflichen Energiekörper. Bei den Bachblüten werden somit nicht der grobstoffliche physische Körper und die körperlichen Krankheiten angesprochen, sondern die Charaktereigenschaften des feinstofflichen Energiekörpers. Die Blütenessenzen wirken also auf die Ursache der Krankheit ein, indem sie ihr energetisches Potential an den Menschen abgeben. Dies kann man auch als Schwingungsmuster der jeweiligen Pflanze bezeichnen. Diese Schwingungen wirken auf die seelischen Verhaltensmuster des Menschen, damit die positiven Gemütszustände wie zum Beispiel Zufriedenheit, Mut, Freude oder Liebe aktiviert werden. Dadurch löst sich die negative Haltung des Menschen langsam auf, sodass er wieder positiv reagieren und leben kann.

Merkmale und Einnahme der Bachblüten

Die Blütenessenzen sind von reiner Substanz mit einer hohen Schwingung und somit nebenwirkungsfrei. Sie wirken besonders gut bei traumatischen Erlebnissen.

Zur Herstellung seiner Blütenessenzen wendete Dr. Bach zwei Methoden an: Die Sonnenmethode und die Kochmethode. Die Sonnenmethode wird für Pflanzen, die im Frühling oder im Sommer blühen, wenn die Sonne ihre volle Kraft entfaltet hat, angewendet. Die Pflanzen werden morgens an einem sonnigen Tag gepflückt, in eine Schüssel mit Quellwasser gelegt, das ungefähr drei bis vier Stunden in der Sonne stehen bleibt und dann in eine Flasche mit Alkohol gegossen. Für die Blüten von Bäumen, Büschen und Sträuchern, die sehr früh im Jahr blühen, wendete Dr. Bach die Kochmethode an. Auch hier werden die Pflanzen morgens an einem sonnigen Tag gepflückt. Nach dem Sammeln der Blüten werden diese ungefähr dreißig Minuten gekocht, öfters gefiltert und dann in eine Flasche mit Alkohol abgefüllt.

Mit diesen beiden Methoden werden noch heute die Urtinkturen der Blütenessenzen hergestellt, die die Basis zur weiteren Herstellung der „stock bottles" bilden.

Bei der Einnahme der Bachblüten kann eine einzige Blütenessenz oder auch eine Mischung aus mehreren Blütenessenzen verwendet werden. Grundsätzlich richten sich die Wahl und die Dosierung der benötigten Bachblüte oder Bachblütenmischung nach der individuellen Situation.

Die 39. Bachblüte

Die 39. Bachblüte wird als Notfall-Bachblüte oder Rescue-Remedy bezeichnet. Sie ist als Blütenkonzentrat oder als Salbe erhältlich und das einzige Kombinationspräparat, das aus fünf Bachblütenessenzen besteht.

Die Notfall-Bachblüte eignet sich nicht zur Dauerbehandlung, sondern sollte nur als Erste-Hilfe-Mittel verwendet werden. Unter Notfällen werden in diesem Zusammenhang verstanden: Unfälle, Stürze, Prellungen, Verbrennungen, Familienstreit, Gerichtstermine, Prüfungssituationen und anderes - also alle akut belastenden Situationen. Die Notfall-Bachblüte wird auch „Schockblüte" genannt und ist die bekannteste Bachblüte weltweit. Somit ist Rescue-Remedy die Bachblüte, die am besten erprobt ist.

Rescue-Remedy wirkt bei allen Menschen gleich. Das Ungleichgewicht oder besser der erlittene Schock, also die seelische Erschütterung, wird schnell harmonisiert.

Folglich können die Selbstheilungskräfte durch das energetische Gleichgewicht wieder hergestellt und stabilisiert werden.

Die Notfall-Bachblüte besteht aus:

a) Star of Bethlehem gegen den Schock
b) Rock Rose gegen die Panik
c) Impatiens gegen den Stress
d) Cherry Plum gegen das Festhalten und
e) Clematis gegen den Realitätsverlust.

Die Blüte „Star of Bethlehem"

Diese Blüte ist der Doldinger Milchstern. Sie spendet Seelentrost und wird „Schock-Blüte" genannt.

Unfälle, schlechte Nachrichten oder Erlebnisse, die unseren Körper oder die Seele aus dem Gleichgewicht bringen, können Schockzustände auslösen. Die Folge können körperliche oder seelische Blockaden sein wie zum Beispiel zittrige Knie, Schweißausbrüche, Herzklopfen oder auch Bewusstlosigkeit. Das negativ Erlebte kann oft noch nach Jahren oder Jahrzehnten unseren Energiefluss stören, das heißt uns aus dem Gleichgewicht bringen. Daraus können vegetative oder psychosomatische Beschwerden wie Schlafstörungen, Angst, Magenbeschwerden oder ähnliches entstehen.

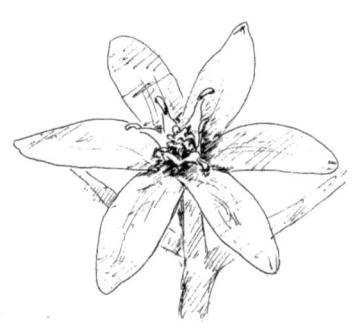

Die Bachblüte Star of Bethlehem kann die inneren Blockaden, die durch Schockerlebnisse entstanden sind, auflösen. Somit wird das Gleichgewicht in uns wieder hergestellt, so dass die Energie wieder ungehindert fließen kann. Körperliche Symptome, die eventuell dadurch entstanden sind, verschwinden von allein. Diese Blüte wirkt also bei körperlicher und seelischer Erschütterung, die man noch nicht verkraftet hat. Star of Bethlehem spendet innere Kraft, um das

Erlebte besser zu verarbeiten.

Die Blüte „Rock Rose"

Die zweite Blüte des Kombinationspräparates, das gelbe Sonnenröschen, gibt Mut und Gelassenheit und wird als „Panik-Blüte" bezeichnet.

In Situationen, in denen wir in Lebensgefahr schweben oder in denen wir total ausgeliefert sind, kann es zu innerer Panik kommen. Der Puls wird unruhig, wir atmen schneller und können uns wie gelähmt fühlen. Es kann aber auch sein, dass man in stressigen Situationen den Überblick verliert, sich nicht mehr konzentrieren kann, unruhig wird oder einfach nur völlig durcheinander ist. Falls man ein schwaches Nervenkostüm haben sollte, dann kann es sein, dass man in weniger extremen Situationen bereits Rock Rose benötigt.

Rock Rose wirkt in allen Situationen, die man als Ausnahmesituation erlebt. Diese Blütenessenz wirkt in Krisensituationen, die Angst oder Schrecken verursachen, beruhigend. Empfindet man innerliche Panik oder hat starke Angst, so verleiht einem Rock Rose mehr Gelassenheit. Man lernt durch die Blütenessenz Rock Rose mit stressigen Situationen besser umzugehen.

Die Blüte „Impatiens"

Impatiens, das drüsentragende Springkraut, bewirkt Ruhe und Geduld und wird somit auch „Gedulds-Blüte" genannt.

Nach einem Schockerlebnis ist man unruhig und möchte am liebsten, dass das Erlebte schnell vergessen wird. Man versucht sich abzulenken und gönnt sich wenig Ruhe. Der Körper und die Seele bekommen keine Gelegenheit zur notwendigen Entspannung.

Man nimmt sich keine Zeit, um das Erlebte etwas genauer anzusehen oder die damit verbundenen Wahrnehmungen und Gefühle zu erspüren. Angenehmer ist es, nach einem Schockerlebnis das Ganze oberflächlich zu betrachten und Vorkommnissen, Gefühlen oder Beschwerden nicht näher auf den Grund zu gehen. Folglich können sich körperliche Beschwerden wie zum Beispiel Verdauungsstörungen oder Muskelverspannungen einstellen.

Impatiens bewirkt, dass man sich mehr Zeit für sich gestattet, die innere Hektik abgebaut wird und man geduldiger mit der erlebten Situation und mit sich selbst umgeht. Weiterhin hilft Impatiens nach schockartigen Erlebnissen, wieder zur inneren Ruhe zu finden und mehr Verständnis für sich selbst aufzubringen. So kann es zu keinen überschießenden Reaktionen kommen.

Die Blüte „Cherry Plum"

Die Kirschpflaume oder auch Cherry Plum ist die vierte Blüte in diesem Kombinationspräparat. Sie gibt Gelassenheit und wird auch „Loslass-Blüte" genannt.

In Schocksituationen wird man oft gezwungen, seine Gefühle zu unterdrücken, um zu überleben. Dies kann zu einem Gefühlsstau führen, denn die Gefühle wollen eigentlich ausgelebt werden. Es kann zu einem starken innerlichen Druck kommen, wenn diese Gefühle nicht ausgelebt werden können. Dieser Druck kann so groß werden, dass man Angst davor hat. Bevor man also innerlich loslässt, entscheidet man sich dafür, die Kontrolle über seine Gefühle und über sich selbst zu behalten.

Cherry Plum hilft bei folgendem: Man steht unter großer Spannung oder hat Angst vor Kurzschluss-handlungen. Mit dieser Blüte gelingt es, sich innerlich zu entkrampfen und in stressigen Situationen gelassener zu werden. Cherry Plum stellt das Gleichgewicht folgendermaßen wieder her: Es kommt zu einer Harmonisierung zwischen dem Kontrollieren und Festhalten und dem Loslassen der Gefühle. Dieses Gleichgewicht wird genau in der Intensität hergestellt, die jeder Einzelne benötigt.

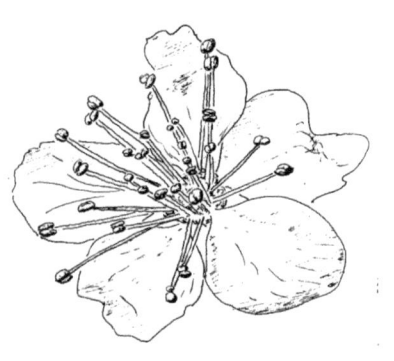

Die Blüte „Clematis"

Clematis oder auch die weiße Waldrebe fördert das Gegenwartsbewusstsein und wird als „Tagträumer-Blüte" bezeichnet.

Nach einer Situation, die man als Schock empfunden hat, kann es sein, dass man vor den Problemen fliehen möchte. Am besten wäre es, wenn sich die Probleme von selbst lösen würden. Man flüchtet in die Zukunft. Dieses Verhalten dient als Abwehrmechanismus gegen alle möglichen Schwierigkeiten, die durch das Schockerlebnis auftreten könnten. Man hat Angst davor, eine konkrete Lösung zur Bewältigung des Erlebten zu finden. Somit besteht die Gefahr, dass man sich immer mehr von der Gegenwart löst und nur noch in der Zukunft lebt.

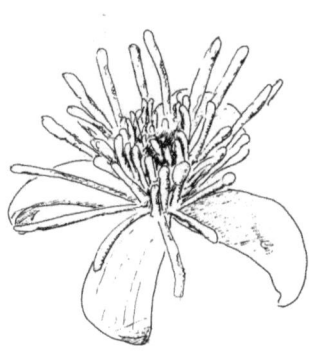

Mit der Blütenessenz Clematis wird die Fähigkeit aktiviert, die Probleme im Hier und Heute zu lösen. Weiterhin werden unsere Gedanken oder Tagträume besser kontrolliert, um wieder gegenwartsbezogener und somit ruhiger und entspannter zu leben.

Hinweis: Vor der Verwendung der Bachblüten-Essenzen ist es zu empfehlen, einen Bachblütentherapeuten, Heilpraktiker, Arzt oder Apotheker zu Rate zu ziehen.

Huna

Die Geschichte

Huna ist eine Lebensphilosophie und vor sehr langer Zeit entstanden. Sie wird auch als hawaiianisches Schamanentum bezeichnet. Es bedeutet so viel wie „Geheimnis" oder „verborgenes Wissen". Die Experten dieses Wissens werden in Hawaii „kahuna" genannt. Dort entwickelten sich drei Gruppen oder besser Orden. Der erste Orden konzentrierte sich auf die Künste der körperlichen Therapie, der zeremoniellen Religion, der Politik und des Krieges. Mit den spirituellen und materiellen Aspekten des Handwerks, der Fischerei, der Landwirtschaft, des Schiffsbaus, der Navigation, der Holzschnitzerei und der Kräuterheilkunde befasste sich der zweite Orden. Der dritte und letzte Orden, dessen Angehörige die Schamanen waren, hatte vornehmlich mit der Magie, der Mystik und der Psychologie zu tun. In jedem Orden gab es Heiler. Die Hauptaktivität der Schamanen war jedoch die Kunst des Heilens durch den Geist.

Max Freedom Long (1890 - 1971) bestätigt durch seine Forschungen, dass die Huna-Lehre nicht in Polynesien entstanden ist. Er ging als Sprachforscher und Lehrer nach Honolulu. Ihn faszinierten die hawaiianische Kultur und die sehr seltsame Sprache. Das Erstaunliche war, dass es in Hawaii keine Gefängnisse gab, also auch keine Verbrecher. Vermutlich war das Leben dort von inneren Regeln bestimmt. Es gab dort einige Menschen, die genau über diese Lebensweise Bescheid wussten, die „kahunas". Diese Eingeweihten - wie die Essener - vermittelten ihren Nachkommen die Geheimnisse dieses Wissens mündlich. Durch die Sprachforschungen und die intensive Beschäftigung mit der Bevölkerung stellte Max Freedom Long folgendes fest: Es gab Märchen, Sagen und Überlieferungen von zwölf miteinander verwandten Stämmen, die im östlichen Mittelmeergebiet beheimatet waren. Damals sollen diese zwölf Stämme aus Israel nach Ägypten gezogen sein, wovon zehn von diesen Stämmen über Indien nach Hawaii ausgewandert sein sollen, um die Huna-Lehre rein zu halten.

Weiterhin erfuhr Max Freedom Long in Honolulu, dass die Huna-Lehre bereits seit fünf beziehungsweise sechs Jahrtausenden existieren soll. Somit hat diese Lehre vermutlich ihren Ursprung im östlichen Mittelmeergebiet, in dem die zwölf Stämme lebten.

Im Jahr 1947 wurden die Rollen von Qumran entdeckt. Qumran liegt in Israel am Toten Meer. Einige Jahre später wurden noch weitere Schriftrollen entdeckt. In diesen Schriften sind die Weisheiten der Essener niedergeschrieben. Die Essener waren eine sehr spirituelle Glaubensgemeinschaft, die ungefähr 150 vor Christus bis 50 nach Christus in Qumran lebte. Jesus soll ein Essener gewesen sein. Es dauerte noch ungefähr 20 Jahre, bis genügend Forschungsmaterial über die Schriftrollen der Essener zusammen getragen wurde.

Hugh J. Schonfield, ein englischer Historiker und Forscher wies folgendes nach: Einige Gruppen der Essener sind über Damaskus, Afghanistan und Persien bis nach Indien gewandert. Vermutlich sind diese Gruppen von Indien aus mit Schiffen nach Hawaii weitergereist, um sich dort niederzulassen. Hinweise auf einen bestehenden Zusammenhang zwischen der Lehre der Essener und der Huna-Lehre spiegeln sich in Ägypten durch gewisse Symbole in den Hieroglyphen wider. Außerdem gibt es weitere Hinweise in Indien, auf den Osterinseln sowie im alten Testament.

Wie ging Max Freedom Long bei seinen Forschungen vor? Er konzentrierte sich auf die Semantik und versuchte somit den inneren verborgenen Gehalt eines Wortes zu ergründen. Dieser Gehalt des einzelnen Wortes ging aus dem Satzzusammenhang hervor. So ermittelte er im Laufe der Jahre verschiedene Bedeutungen, die ein Wort haben kann. Im Deutschen hat zum Beispiel das Wort „Feder" auch mehrere Bedeutungen (Hühnerfeder, Schreibfeder oder Stahlfeder). Max Freedom Long kannte die Erkenntnisse aus den Schriftrollen von Qumran nicht.

Hierzu schreibt Henry Krotoschin: „In seinen letzten Lebensjahren hat er (... M. F. Long) nämlich die geniale Idee gehabt, Gleichnisse und Parabeln Jesu, deren Symbolik nicht leicht verständlich ist, auf ihren inneren Gehalt hin zu untersuchen. Er ist dabei umgekehrt vorgegangen, hat nämlich die Worte Jesu in die polynesische Sprache übersetzt und danach versucht, die Bedeutung der nun sichtbar gewordenen polynesischen Wörter in semantischer Hinsicht zu prüfen. Dadurch hat er erstaunliche Erkenntnisse erworben, welche die wahre Aussage Jesu beleuchten. (...) Dieses Werk vermittelt erstaunliche Einsichten über die Zusammenhänge der Lehre Jesu, besonders der Bergpredigt, und der Huna-Weisheit."

Max Freedom Long gründete 1945 die amerikanische Forschungsgesellschaft der Huna-Lehre und ernannte Prof. Dr. Otha Wingo vor seinem Tode zu seinem Nachfolger.

Huna und die moderne Psychologie

Sigmund Freud nahm ähnlich wie die Kahunas eine Dreiteilung der menschlichen Psyche vor: Das Es, das Ich und das Über-Ich. Das Es umfasst einen Teil, der von Leidenschaften beherrscht und von Reizen getrieben wird. In ihm sind ungelöste und verborgene Konflikte gespeichert. In der Huna-Lehre gibt es das Ku. In diesem Ku werden ebenfalls ungelöste Konflikte gespeichert. Weiterhin umfasst das Ku alles Gelernte und alle Gewohnheiten, die mit instinktiven Trieben, dem Überleben, dem Wachstum und dem Streben nach Glück zu tun haben. In beiden Lehren gibt es folgende Übereinstimmung: Unser Verhalten und unser Erleben wird erheblich durch einen verborgenen Teil in unserer Psyche beeinflusst.

Für Carl Gustav Jung, der die Begriffe Persona, Ego und Anima/Animus eingeführt hat, war die Disharmonie zwischen diesen ein Zeichen von emotionalen Störungen. Bei den Kahunas ist eine Blockierung oder Disharmonie zwischen dem Unterbewussten (Ku) und dem Bewussten (Lono) die Folge einer emotionalen Störung. In der Huna-Lehre werden die Gefühle vom Unterbewussten ausgedrückt. Somit stimmt folgender Aspekt überein: Emotionale Störungen führen zur

Disharmonie. Eine weitere Gemeinsamkeit zwischen der Jung'schen Lehre und der Huna-Lehre stellt sich bei der Libido dar. Für Carl Gustav Jung war die Libido oder Lebenskraft etwas Neutrales, also nicht geschlechtsbezogen. Bei den Kahunas ist die Libido ebenfalls neutral.

Wilhelm Reich, Schüler von Sigmund Freud, kam zu der Überzeugung, dass die Libido eine Form von Energie sei. Diese Libido hält nicht nur den Körper lebendig, sondern ist auch direkt beteiligt an der Bildung von Komplexen, also an Blockaden, die mit Verspannungen einhergehen können. Wilhelm Reich hatte herausgefunden, dass Patienten beim Massieren von Verspannungen, also von Muskeln, ein Strömen oder Fließen durch den Körper spürten. Dieses Strömen oder Fließen ging mit einer emotionalen Entspannung einher. Kann man den Fluss der Energie spüren, so bedeutet das in der Huna-Lehre, dass man relativ frei ist von Blockaden, also ungelösten Konflikten. Auch hier ist wieder eine Gemeinsamkeit festzustellen. Sowohl Wilhelm Reich als auch die Huna-Lehre betrachten die Lebenskraft (Libido) als eine Form der Energie, die bei ungelösten Konflikten nicht mehr frei fließen kann.

Eric Burne, der eine neue Form der Psychotherapie, die Transaktionsanalyse, schuf, kam zu folgender Erkenntnis: Der Mensch entwickelt im Laufe seines Lebens durch den Umgang mit seinen Mitmenschen und durch seine Erlebnisse und Erfahrungen verschiedene Lebenshaltungen. Diese Lebenshaltungen wie zum Beispiel „Ich bin nicht in Ordnung, du bist in Ordnung" werden schon früh in der Kindheit angelegt.

Laut Eric Burne kann man diese Lebenshaltungen umwandeln. Somit kann zum Beispiel die oben genannte Lebenshaltung in folgende umgewandelt werden: „Ich bin in Ordnung, du bist in Ordnung". Im Huna trifft ebenfalls zu, dass diese Lebenshaltungen oder besser Verhaltensweisen positiv verändert werden können.

Frederik Perls, der Begründer der Gestalttherapie, möchte den Wachstums- und Entwicklungsprozess des Menschen fördern. Die Gestalttherapie hat zum Ziel, sich mit dem Menschen als Ganzes auseinander zu setzen. Es erfolgt also eine Auseinandersetzung, die nicht nur den Körper oder nur den Geist oder nur den Verstand sieht. Der Mensch bleibt als Ganzes im Hier und Jetzt. In der Lehre von Frederik Perls gibt es keine Interpretationen oder Urteile, sondern es soll eine Steigerung des Bewusstseins gefördert werden. Im Huna steht ebenfalls eine Förderung des Menschen als Ganzes im Vordergrund. Diese entwicklungsfördernden Maßnahmen dienen auch im Huna der Steigerung des Bewusstseins. Serge King schreibt hierzu: „Eine weitere Übereinstimmung mit Huna ist Perls Bereitschaft, Theorien zu verändern, falls das notwendig und wünschenswert ist. Das entspricht genau dem Konzept des Huna: „Was nützt, das stimmt"."

Zusammenfassend kann - wie Serge King schreibt - gesagt werden: „Mitten im Pazifischen Ozean wurde eine Gruppe von Menschen gefunden, die, über Jahrhunderte von Jahren, abgeschnitten von allen anderen Zivilisationen, ein psychologisches System entwickelt hatte, das genauso weit entwickelt war wie alle modernen Richtungen der Psychologie. Dabei darf man nicht vergessen, dass der westliche Begriff vom Un-

terbewussten noch nicht einmal existierte, als die
ersten Missionare auf den hawaiianischen Inseln auf-
tauchten. Die westliche Wissenschaft der Psychologie
ist noch immer sehr jung. Sie beschäftigt sich auch
heute noch überwiegend mit geistigen Vorgängen, obwohl es hie und da schon Ansätze gibt, den Körper
mit einzubeziehen. Was den spirituellen Teil des Menschen angeht, so ist die überwiegende Mehrheit der
westlichen Psychologen noch nicht einmal bereit, ihn
zu akzeptieren. Im Huna finden wir Körper, Geist und
Seele in einer Verbindung innerhalb eines klaren, ein-
heitlichen Systems. Da dieses System Tausende von
Jahren Zeit hatte, sich zu entwickeln, scheint es mir
durchaus lohnend, es einmal in aller Gründlichkeit zu
untersuchen."

Die Grundlagen der Huna-Lehre

Das Untere Selbst

Das Unterbewusste wird in der Huna-Lehre als das
Untere Selbst bezeichnet. Es wird als Helfer, Freund,
Wächter und Partner gesehen. Das Untere Selbst hat
wichtige Eigenschaften, mit denen wir täglich leben.

Die erste Eigenschaft unseres Unteren Selbst ist die
Steuerung sämtlicher nicht vom Willen kontrollierba-
ren Körpertätigkeiten. Hierzu gehören zum Beispiel
die Atmung, der Herzschlag, der Blutdruck und die
Verdauung.

Das Vorhandensein sämtlicher Emotionen, egal ob
positiver oder negativer Art, ist eine weitere Eigenschaft des Unteren Selbst. Emotionen wie Freude,

Zärtlichkeit oder Liebe; aber auch Wut, Hass oder Zorn sind hier verankert.

Der Auf- oder Verzweiflungsschrei unseres Unteren Selbst äußert sich in psychosomatischen Erkrankungen. Folglich können diese Erkrankungen durch geistige Heilung, das heißt durch ein Gespräch mit dem Unteren Selbst, gelöst werden.

Das Untere Selbst ist ein großer Gedächtnisspeicher. Hier wird alles wie in einem Computer abgespeichert. Nachdem unser Gewissen von unserem Gedächtnis abhängig ist, befindet sich somit der Sitz unseres Gewissens in unserem Unteren Selbst.

Jede spirituelle Kommunikation erfolgt durch Telepathie. Diese Eigenschaft unseres Unteren Selbst führt dazu, dass es einen direkten Zugriff zu unserem Hohen Selbst hat.

Weiterhin sind sämtliche medialen Fähigkeiten wie

zum Beispiel das Hellsehen Ursprung unseres Unteren Selbst.

Eine letzte, wichtige Eigenschaft unseres Unteren Selbst sind die Träume. Wir träumen jede Nacht, um gewisse Erlebnisse und die damit verbundenen Emotionen aufzuarbeiten.

In der Huna-Lehre wird das Untere Selbst als ein eigenes und selbständiges Wesen betrachtet. Im Huna wird mit dem Unteren Selbst kommuniziert und ihm ein weiblicher oder männlicher Name gegeben.

Das Untere Selbst hat kein logisches Denkvermögen und kann daher nicht unterscheiden, was gut oder schlecht für uns ist. Es nimmt Behauptungen wie zum Beispiel „Ich kann nicht schwimmen" wörtlich. Das heißt, wenn wir immer sagen, dass wir nicht schwimmen können, dann führt diese Behauptung zu einem Glaubenssatz des Unteren Selbst und somit zur Verschlimmerung.

Neben dem Dialog mit unserem Unteren Selbst ist dessen Erziehung das wichtigste Element in der Huna-Lehre. Das erzogene Untere Selbst wirkt positiver auf uns. Hier werden nur einige positive Veränderungen wie zum Beispiel großes Interesse, Verbesserung der Arbeitslust, Steigerung des Wahrnehmungsvermögens und größere Anteilnahme am Schicksal anderer Menschen aufgelistet. Ist unser Unteres Selbst positiv, dann bringt uns unser Umfeld mehr Sympathie entgegen; vor allem Kinder und Tiere, denn diese sind wesentlich sensitiver als wir Erwachsenen.

Eine Veränderung unseres Unteren Selbst kann zu mehr Sicherheit, Vertrauen, Durchhaltevermögen, Zielbewusstheit, Gottvertrauen, Aktivität, Selbstlosigkeit, Selbstvertrauen und vielem mehr führen.

Die wesentliche Aufgabe in der Huna-Lehre ist es, unser Unteres Selbst zu einem wahrhaft menschlichen, das heißt ethisch hoch stehendem Wesen zu erziehen. Der Kontakt mit unserem Unteren Selbst ist der wichtigste Schritt, um unser Hohes Selbst zu erreichen.

Das Mittlere Selbst

Im Huna kann das Mittlere Selbst mit unserem Wachbewusstsein verglichen werden. Es besteht aus dem Denken, der Intelligenz und der Argumentationsfähigkeit. Sein wichtigstes Werkzeug ist die Sprache. Das Mittlere Selbst hat kein Gedächtnis, sondern muss sich auf das Erinnerungsvermögen verlassen und benötigt Willenskraft.

Eine der wichtigsten Funktionen des Mittleren Selbst ist die Verantwortung, die es für das gegenwärtige Leben aufbringen muss. Hierfür benötigt es folgende Eigenschaften: Initiative und Fleiß.

Die Pflicht des Mittleren Selbst ist es, zu lernen. Dafür hat es zur Wahrnehmung die Sinnesorgane wie Augen und Ohren erhalten. Somit kann das Gelernte zum Gehirn gelangen.

Das Mittlere Selbst entscheidet, welche Veränderungen es im Leben wünscht. Die Entscheidungen ergeben sich meistens aus den Lebensumständen, den

Ereignissen, den Nöten und den Sorgen jedes einzelnen. Ein wichtiges Werkzeug ist das Vorstellungsvermögen, denn hiermit kann sich unser Mittleres Selbst ein geistiges Bild von unserer Zukunft machen.

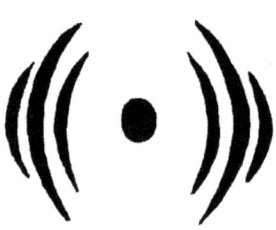

Außerdem trägt das Mittlere Selbst die Verantwortung für die Gesunderhaltung unseres Körpers; hierzu tragen auch das Untere und das Hohe Selbst wesentlich bei. Weiterhin hat das Mittlere Selbst die Fähigkeit, Krankheiten zu erkennen und zu diagnostizieren.

Das Mittlere Selbst kann durch seinen Intellekt das Untere Selbst aufklären wie zum Beispiel in Angst- und Stresssituationen. Im Gegensatz zum Unteren Selbst kann das Mittlere Selbst die Situationen richtig einschätzen. Somit ist das Mittlere Selbst für das Untere Selbst Führer, Lehrer, Berater und Tröster.

Die Initiative für die Beziehung zu unserem Hohen Selbst geht vom Mittleren Selbst aus. Das Untere Selbst pflegt die Beziehung zum Hohen Selbst, während das Mittlere Selbst die Initiative mitbringt, um den Kontakt zum Hohen Selbst aufzubauen.

In der Huna-Lehre wird dem Mittleren Selbst ebenfalls ein eigener Name gegeben - am besten eignet sich hierzu der eigene Vorname.

Das Hohe Selbst

Das Hohe Selbst - oder auch Überbewusstsein - bedeutet im Huna persönlicher Gott; es kann aber auch als vertrauenswürdige Person bezeichnet werden. Ich persönlich bezeichne es als meinen Schutzengel.

Wir Erwachsenen müssen allerdings erst würdig sein, um mit unserem Schutzengel in Kontakt treten zu können, da wir im Gegensatz zu den Kindern verantwortlich für unser Handeln - also für unser Leben - sind.

Das Hohe Selbst ist ein spirituelles Wesen und hat direkten Kontakt zu Gott oder anderen höheren Mächten, die wir brauchen. Sein Symbol ist das Licht. In der Huna-Lehre ist es eine Lichtgestalt mit der Form eines menschlichen Körpers. Es ist ein Wesen von höchster Weisheit, Urteilskraft, Macht, Güte und vor allem Gnade und verkörpert alle göttlichen Eigenschaften wie zum Beispiel Mitgefühl, Geduld, Liebe und Vergebung.

Es ist das Ideal, das wir anstreben und das uns zu höheren Bewusstseinsstufen führt. Es beeinflusst und verändert unsere Zukunft. Das Hohe Selbst lässt alle gewünschten Zustände Wirklichkeit werden - sofern sie für uns gut sind - und macht uns bewusst, wer wir sind. Allerdings ist hierzu ein Zusammenspiel oder besser die Harmonie zwischen dem Hohen, dem Mittleren und dem Unteren Selbst notwendig. Das Hohe Selbst ist ein Führer, Begleiter und Beschützer.

Wir erfahren von seinem Vorhandensein durch unseren sechsten Sinn, also durch unsere Intuition, denn sowohl das logische Denken als auch unsere Emotionen reichen nicht aus, um unser Hohes Selbst zu erkennen.

Otha Wingo schreibt: „Um zu *wissen,* müssen wir folgendes beachten: Logisches Denken und Emotionen als Grundlagen für unseren Glauben sind zwar unentbehrlich, können uns aber nie jenes endgültige, vollständige und unvergängliche innere „Wissen" geben, das unsere Zweifel für immer so zerstreut, wie das Licht die Dunkelheit vertreibt. Dieses Licht kann nur vom Hohen Selbst kommen, denn es ist *das* Licht."

Dazu Henry Krotoschin: „Der Grundsatz vom Hohen Selbst ergibt das Logischste und Glaubwürdigste. Das Hohe Selbst bringt uns Gott in unsere Reichweite. Über dem Hohen Selbst mögen noch höhere und höhere Wesen sein, aber für unsere Zwecke und für unsere unmittelbare Hilfe genügt es, zu wissen, dass das Hohe Selbst da ist, dass es Teil von uns selbst und dass es bereit ist, uns zu helfen, wenn wir das gelernt haben, was nötig ist, um Es zu rufen. Deshalb schützt das Hohe Selbst das Kind so offensichtlich, weil das Kind noch nicht lernen konnte, was nötig ist. Wir haben zu Gott unter verschiedenen Namen und in vielen Sprachen gebetet, und alle Gebete sind zu den Hohen Selbsten gegangen".

Mana, die Lebenskraft

Mana ist die physische Lebenskraft und wird in der Huna-Lehre durch das Element Wasser symbolisiert. Ohne Mana kann es kein menschliches Leben geben, denn unsere Organe können ohne Mana nicht funktionieren. Mana entsteht durch Nahrung, die wir unserem Körper zuführen und ist somit eine irdische Kraft, da die Nahrung aus der Erde kommt. Eine besondere Quelle der Lebenskraft sind die Bäume, denn die feinsten Wurzeln reichen tief in die Erde hinunter, aus der sie ein reines Wasser beziehen und das Mana nach oben ziehen.

Die Lebenskraft wird also vom Menschen produziert, das heißt unser Unteres Selbst produziert Mana, ohne dass wir es wissen. Das Untere Selbst entnimmt Mana aus der Nahrung und der Luft und gibt dem Mittleren und dem Hohen Selbst etwas davon ab. Die Geistwesen, die auch Mana brauchen und sich darüber freuen, sind in erster Linie unsere Hohen Selbste. Positive Lebenskraft oder Mana bedeutet mehr Energie. Somit können wir unsere Aufgaben, die von uns verlangt werden, besser erfüllen und erlangen ein erhöhtes Wohlbefinden.

Die Aka-Schnur als geistige Verbindung

Die Aka-Schnur ist eine unsichtbare Substanz. Sie ist ein Verbindungswerkzeug zwischen zwei Menschen oder auch zwischen einem Menschen und einem geistigen Wesen. Außerdem ist die Aka-Schnur weiterhin vorhanden, wenn in der Verbindung zwischen zwei Menschen bereits ein Mensch verstorben ist. Die Aka-Schnur wird als feinstofflich bezeichnet. Der Begriff feinstofflich soll die Erklärung beziehungsweise die Vorstellung eines Aggregatzustandes sein, denn der eigentliche Aggregatzustand der Aka-Schnur ist uns nicht bekannt.

Durch die Aka-Schnur fließt die Lebenskraft (Mana) und wird weitergeleitet. Die Verbindung mit dem eigenen Hohen Selbst ist in der Huna-Lehre ein sehr wichtiger Aspekt. Diese Verbindung erfolgt durch die Aka-Schnur, denn wer Kontakt zu seinem Unteren Selbst hat, ist durch eine Aka-Schnur mit seinem Unteren Selbst verbunden. Die Aka-Schnur kann durch Blockaden unterbrochen werden, ist aber unzerstörbar, das heißt die Aka-Schnur ist nur stillgelegt. Da das Mittlere und das Untere Selbst ohnehin zusammen gehören, besteht zwischen diesen beiden keine Aka-Schnur.

Ein dünner Aka-Faden entsteht schon dann, wenn zwei Menschen sich irgendwo treffen, einander in die Augen sehen und dabei Interesse signalisieren. Ein kleines Mädchen wird den Blick eines großen aggressiven Mannes nicht erwidern. Indem es die Augen niederschlägt, unterbindet es die Entstehung eines Aka-Fadens.

Kala, die Reinigung

Das Wort Kala ist ein Paradebeispiel für die Semantik und bedeutet unter anderem reinigen, vergeben, Schuld anerkennen, öffnen, verschonen oder das Licht wieder herstellen. In der Huna-Lehre nennt man die Vorbereitung auf die Gebetshandlung Kala, das heißt übersetzt so viel wie Reinigung oder Säuberung des Weges. Die verschlüsselte Botschaft bedeutet zum Licht oder das Licht wieder herstellen. Das Licht bezieht sich immer auf das Hohe Selbst.

Durch die Reinigung (Kala) werden wir harmonisiert oder wieder hergestellt, um den Kontakt mit dem Hohen Selbst knüpfen zu können. Was ist nun die Voraussetzung für eine Kala-Reinigung? Unser ehrlicher Wille. Mit diesem wollen wir in enger und vertrauensvoller Zusammenarbeit mit unserem Unteren Selbst das Negative unseres Charakters und unseres Handelns beseitigen. Dies beinhaltet nicht nur gute Vorsätze für die Gegenwart und Zukunft, sondern auch die Bewältigung unserer Vergangenheit, also die Auflösung von Blockaden.

Die Kala-Reinigung setzt eine intensive Arbeit mit unserem Unteren Selbst voraus. Sie ist ein sicherer Weg zu unserem Hohen Selbst. Die Reinigung (Kala) bewirkt Positives. Dadurch ist unser Unteres Selbst innerlich bereit und es können somit Veränderungen hervorgerufen werden.

Es gibt Menschen, die keine Kala-Reinigung brauchen, weil sie die Verbindung zu ihrem Hohen Selbst haben. Diese Menschen haben im Laufe der Jahre nur geringfügige oder keine Schuld auf sich geladen. Selbstverständlich haben diese Menschen auch ihre Schwierigkeiten, aber sie haben auch ihren inneren Frieden. Sie sind in ihrer inneren Mitte. Diese Menschen wirken gelassen, freudig und strahlen Frieden und Geborgenheit aus.

Ein ganz wichtiger Grundsatz der Huna-Lehre ist folgender: Nie verletzen, immer helfen. Die wichtigste Aussage der Kala-Reinigung kann wie folgt verstanden werden: Erst müssen wir unseren Schuldnern verzeihen und dann können wir erwarten, dass uns unsere Schuld vergeben wird. Dieser Gedankengang ist typisch essenerisch, stammt also aus der spirituellen Glaubensgemeinschaft der Essener. Wichtig ist, dass wir uns selbst verzeihen, denn wir legen oft viel zu hohe Maßstäbe an uns selbst. Die Vergebung erlöst und befreit.

***

Bei den Behandlungsmethoden, die nachfolgend erläutert werden, fließen Gedanken und Inhalte aus der Huna-Lehre mit ein. In der Kinesiologie ist es zum Beispiel das Gespräch mit unserem Unterbewusstsein, also mit unserem Unteren Selbst. In der Rückführung kommt es beispielsweise zum Kontakt mit unserem Führer, Begleiter und Beschützer, also mit unserem Hohen Selbst.

Kinesiologie

Kinesiologie kommt aus dem Altgriechischen von dem Wortstamm Kinesis und bedeutet Bewegung. In unsere Umgangssprache übersetzt bedeutet Kinesiologie: Lehre von der Bewegung.

Wieso ist nun Bewegung für das Leben notwendig? Die äußere Bewegung stellt sich durch unsere körperlichen Bewegungen gehen, laufen, tragen, festhalten und vieles andere dar. Unsere innere Bewegung ist zum einen körperlich, aber auch seelisch bedingt. Unsere innere körperliche Bewegung, wie beispielsweise das Atmen, die Verdauung oder unseren Kreislauf können wir als autonome Bewegung bezeichnen. Die innere seelische Bewegung umfasst unsere Empfindungen, Gefühle, Gedanken sowie das bisher Erlebte, das in unserem Unterbewussten abgespeichert worden ist.

Um uns optimal bewegen zu können, ist ein ungehinderter Fluss unserer Lebensenergie notwendig. Ist dieser Fluss blockiert, wird das Leben, also die Bewegung und somit unsere Lebensenergie, vermindert. Diese Verminderung der Lebensenergie kann zu körperlichen oder seelischen Krankheiten führen, bis hin zum Tod.

Was ist also nun die Lehre von der Bewegung? Sie ist eine sanfte und ganzheitliche Methode, die sich mit den Energiekreisläufen oder Meridianen in unserem Körper befasst.

Geschichte der Kinesiologie

Ihren Ursprung hat die Kinesiologie in der seit Jahrtausenden in China angewandten Akupunkturlehre.

Schon vor 2000 Jahren hat Hippokrates das Muskeltesten verwendet, um Verletzungen bei Soldaten zu diagnostizieren.

Anfang der 60er Jahre des letzten Jahrhunderts beobachtete der Chiropraktiker Dr. George Goodheart, dass sich körperliche und seelische Blockaden in unseren Muskeln widerspiegeln. Außerdem erkannte er durch seine Kenntnisse der Akupunkturlehre und der Lehre von den Energieleitbahnen (Meridianen) folgenden Zusammenhang: Zwischen den einzelnen Muskeln, den Meridianen und den Organen sowie den seelischen Zuständen besteht ein Zusammenspiel. Durch eingehende Beobachtungen stellte er fest, dass über den Spannungszustand der Muskeln Aussagen über das körperliche und seelische Befinden des Menschen gemacht werden können. Somit entwickelte Dr. Goodheart den Muskeltest, bei dem keinerlei Apparate benötigt werden. Im Jahre 1964 wurde diese neue Fachrichtung etabliert und ist heute unter der Bezeichnung Applied Kinesiology (Angewandte Kinesiologie) bekannt.

Während der folgenden Jahrzehnte haben sich viele verschiedene Richtungen in der Kinesiologie entwickelt. Um einige dieser Richtungen zu nennen, sind hier ein paar Beispiele aufgeführt: Touch for Health, Three in One Concepts, Systemische Kinesiologie, Bio-medizinische Kinesiologie, Brain Gym oder Edu-Kinestetik, N.O.T. Neural Organisation Technique und die Psycho-Kinesiologie.

Wie funktioniert Kinesiologie?

Unser Organismus ist in einem ständigen Kommunikationsprozess. Wir agieren und reagieren, wir geben und nehmen; wir befinden uns also ständig in einem neu zu bewältigenden Energiefluss. Außerdem reagiert unser Organismus ständig auf äußere und innere Reize und ist stets bemüht, das Gleichgewicht aufrecht zu erhalten. Diese Reize können unterschiedlicher Art sein. Sie können substanziell sein wie beispielsweise Nahrungsmittel, Medikamente oder Gifte. Die auf uns einströmenden Reize können aber auch energetisch bedingt sein wie zum Beispiel durch elektromagnetische Felder oder Strahlungen. Und zu guter Letzt können die Reize der seelisch-geistigen Natur auf uns einströmen wie beispielsweise durch Gedanken, Gefühle oder Erlebnisse.

In unserem Leben kann es Phasen geben, in denen es unserem Organismus nicht gelingt, dieses Gleichgewicht herbei zu führen oder konstant aufrecht zu erhalten. Somit kann Stress entstehen, der eine Änderung unserer Muskelspannung bewirkt, da unser Körper sich in einer Disharmonie befindet. Diese Eigenschaft macht sich die Kinesiologie zunutze. Mit dem Muskeltest kann nun die Ursache der Beschwerden erarbeitet werden, um somit das Gleichgewicht wieder herzustellen und langfristig konstant zu halten.

Die Kinesiologie kann man also mit einer Frage-Antwort-Technik vergleichen, in der der Spannungszustand eines bestimmten Muskels getestet wird. Der Muskel, der zum Testen verwendet wird, wird Indikatormuskel genannt.

Der Indikatormuskel

Als Indikatormuskel eignet sich besonders gut der Deltamuskel. Der Deltamuskel beginnt an der Schulterhöhe am Schlüsselbein und endet am Oberarmknochen. Mit diesem Muskel kann man sowohl im Stehen als auch im Liegen testen.

Natürlich gibt es noch weitere Muskeln in unserem Körper, die sich als Indikatormuskel eignen. Auf eine Aufzählung wird hier jedoch verzichtet.

Den Muskeltest führt man durch, indem man den Indikatormuskel in einen angespannten Zustand bringt. Dies wird mit dem Deltamuskel wie folgt durchgeführt: Der Arm wird nach vorne gestreckt, dann übt der Tester einen schwachen Druck aus. Die zu testende Person soll den Arm in der Position halten, aber keinen Gegendruck ausüben, denn es handelt sich um einen Reaktionstest, der nichts mit Kraft zu tun hat.

Durch den Gegendruck des Testers bekommt man Aufschluss: Weist der Indikatormuskel eine starke Reaktion auf, ist dies eine positive Antwort. Weist er dagegen eine schwache Reaktion auf, ist das eine negative Antwort, die durch die Erschlaffung des Muskels ausgelöst wurde und Stress in unserem Körper signalisiert. In diesem Fall besteht eine Disharmonie in uns. Diese Vorgehensweise kann an folgendem Beispiel näher erläutert werden:

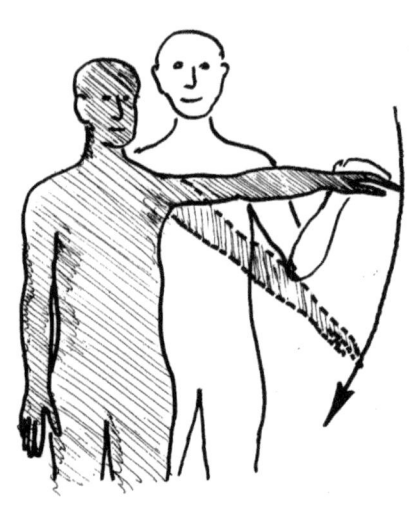

Bei der Testung ist es völlig unwichtig, ob es sich um substanzielle, energetische oder geistig-seelische Reize handelt. Sobald zum Beispiel ein bestimmtes Arzneimittel dafür sorgt, dass unser Energiefluss blockiert wird, erschlafft der Indikatormuskel. Für diese Fragestellung ist es günstig, das aus zu testende Arzneimittel in die Hand zu nehmen. Man kann nun weitergehen und die Ursache für die Unverträglichkeit dieses Arzneimittels herausfinden. Hierfür werden erneut Fragen gestellt, zum Beispiel über jede in diesem Arzneimittel enthaltene Substanz. Sobald der Indikatormuskel erneut durch Erschlaffung „antwortet", ist diese ganz bestimmte Substanz der Arznei diejenige, die die Unverträglichkeit oder besser den Stress und somit die Disharmonie in uns verursacht.

Günter Dobler zum Indikatormuskel: „Der im Mittelpunkt der Kinesiologie stehende Muskeltest zeigt dem Therapeuten als körpereigenes Anzeigeinstrument die Antwort auf jeglichen Reiz an. Der menschliche Körper nimmt innerhalb von Sekundenbruchteilen äußere Reize auf und bewertet sie. Genauso schnell ist er in der Lage, eine Reaktion oder „Antwort" darauf zu geben. Dieses Reizaufnahme- und -verarbeitungssystem macht sich der Muskeltest zu Nutze. Er gibt sichtbar, zum Beispiel durch Stärkereaktion des Muskels „Antworten" auf gestellte Fragen. Hierbei ist es egal, ob es sich bei dem äußeren Reiz um eine Substanz (zum Biespiel ein Nahrungsmittel, Arzneimittel) oder um eine Emotion handelt. Wie bei jedem Testverfahren oder jeder Prüfmethode, müssen bestimmte Regeln vorher erlernt und beachtet werden, um eine höchst mögliche Zuverlässigkeit zu erreichen. Der Muskeltest zeigt bei korrektem Vorgehen in jedem Fall die richtige „Antwort!"."

Was ist Kinesiologie?

Wenn Verwandte, Freunde oder Bekannte fragen, was Kinesiologie ist, könnte diese Methode etwa wie folgt erklärt werden.

Auf die Frage: „Hast du dir schon einmal überlegt, warum es Menschen gibt, die dir auf Anhieb unsympathisch sind, ohne das du sie näher kennst?" kommt meistens als Antwort ein klares „Nein".

Erklärung: Stelle dir vor, du hattest als kleines Kind ein Erlebnis, bei dem dir eine blondhaarige Frau mit einem roten Pullover begegnet ist. Dir ist nicht mehr bewusst, was das für ein Erlebnis war. Du kannst dich also nicht daran erinnern. Dein Unterbewusstes hat dieses Erlebnis aber abgespeichert und weiß, dass dies kein sehr angenehmes Erlebnis war und hat zum Beispiel folgendes gespeichert: Blondhaarige Frau mit rotem Pullover = Gefahr. Nun begegnet dir Jahrzehnte später eine Frau mit blonden Haaren und einem roten Pullover. Deine erste Reaktion ist: Achtung Gefahr! Wieso reagierst du so? Ganz einfach: Dein Unterbewusstes kann nicht unterscheiden, dass die damalige Situation nichts mit der heutigen zu tun hat. Somit signalisiert es die damals gespeicherte Information: Gefahr.

In der Kinesiologie kann durch gezielte Fragen die Ursache dieser Reaktion gefunden werden. Dies funktioniert folgendermaßen: In dem Moment, indem du im Erwachsenenalter eine blondhaarige Frau mit ei-

nem roten Pullover siehst, geht von deinem Unterbewussten die Meldung „Gefahr" zum Gehirn. Von hier
aus wird die Meldung „Gefahr" in deinen Körper
- also unter anderem in die Muskeln - geleitet. Der
Körper gerät in Stress. Dies bedeutet, dass deine Muskeln erschlaffen, da dein Gleichgewicht durch den
Stress gestört ist. Diese Erschlaffung der Muskeln
macht sich die Kinesiologie zunutze, um einen unerlösten Konflikt oder ein Trauma aufzudecken.

Psycho-Kinesiologie nach Dr. Klinghardt

Dr. Dietrich Klinghardt, ein deutscher Arzt, ist der
Begründer der Psycho-Kinesiologie. In den USA hat
er eine ganzheitliche Methode entwickelt, die sich mit
der Psyche des Menschen beschäftigt. Bei dieser Methode wird ebenfalls der Muskeltest angewendet. Dieser Muskeltest basiert auf wissenschaftlichen Grundlagen und ermöglicht es, den Körper als Bio-Feed-
back-Messgerät zu verwenden.

Anwendungsgebiete der Psycho-Kinesiologie sind in
der Regel traumatische Ereignisse aus der Kindheit,
die verdrängt wurden. Diese Ereignisse werden ein
Leben lang gespeichert und können zu Einstellungen
oder Glaubenssätzen führen wie zum Beispiel „Ich bin
nichts wert" oder „Ich bin hilflos". Solche negativen
Glaubenssätze können uns in unserem täglichen Leben beeinflussen und sich langfristig in körperlichen,
seelischen oder geistigen Beschwerden oder Krankheiten äußern.

Ziel der Psycho-Kinesiologie ist es, die traumatischen
Erlebnisse bewusst zu machen, also die Ursache eines

körperlichen, seelischen oder geistigen Problems zu erkennen. Ist die Ursache erst einmal erkannt, so können die damit verbundenen angestauten negativen Gefühle losgelassen werden. Durch das Erinnern an die damals unterdrückten Gefühle können sich diese entladen und neue positive Einstellungen wie beispielsweise „Ich bin wertvoll, ich bin wichtig" oder „Ich bin stark" und vieles mehr entstehen. Somit ist eine dauerhafte Lösung ohne Symptomverschiebung möglich, das heißt es entstehen keine akuten oder chronischen Beschwerden, da das Gleichgewicht des Menschen wieder hergestellt ist.

Die Psycho-Kinesiologie ist daher eine sanfte und schmerzfreie Methode, um Blockaden zu entdecken und aufzulösen. Der Mensch kann somit wieder gesund und ausgeglichen leben.

Um die Ursachen der Blockaden zu finden, wird in der Psycho-Kinesiologie mit Hilfe des Muskeltestens ein Dialog mit dem Unterbewussten geführt.

Das Unterbewusste

Die Idee vom Unterbewussten ist in der modernen Psychotherapie, die Sigmund Freud schuf, fest verankert. Dr. Klinghardt hierzu: „Die Inhalte des Unterbewusstseins sind durch so genannte Abwehrmechanismen vor dem Zugriff des Bewusstseins geschützt. Durch das psychotherapeutische Verfahren oder durch das Deuten von Träumen und Lebensumständen - einschließlich Krankheitsbildern - können diese Inhalte verstanden werden. Dadurch wird eine Brücke zwischen Bewusstsein und Unterbewusstsein geschaffen.

Jedes Mal, wenn eine dieser Brücken entsteht, wird der Patient ein Stückchen weiser, reifer, gesünder und stärker; seine emotionale Intelligenz wächst. Heute weiß man, dass diese neuen Brücken im Gehirn wirklich neue Nervenverbindungen sind, die wir der ungeheuren Lernfähigkeit unseres Nervensystems verdanken."

Für jeden Menschen ist es recht leicht festzustellen, wann das Unterbewusste reagiert. Dies trifft dann zu, wenn der Handlungsimpuls nicht direkt von dem Menschen selbst kommt. Fällt zum Beispiel in einem Gespräch ein bestimmtes Wort und man reagiert sehr unangemessen, dann kann man davon ausgehen, dass das Unterbewusste reagiert hat. Mit dem bestimmten Wort wurde ein wunder Punkt getroffen. Die betreffende Person hat keine Möglichkeit, dieses unangenehme Verhalten zu kontrollieren, denn das Unterbewusste kann nicht durch den Willen beeinflusst werden.

Das Unterbewusste hat Angst davor, einen unerlösten Konflikt näher zu betrachten. Der Konflikt wird vom Unterbewussten festgehalten und versteckt. Wieso hat das Unterbewusste Angst? Dies wird etwas näher an einem Beispiel erläutert. Wurde aufgrund eines traumatischen Ereignisses beispielsweise die Botschaft „Schäferhund bedeutet Gefahr" abgespeichert, so wird der Schäferhund auf einer Abbildung genauso gefährlich empfunden wie in der damaligen Situation. Das Bild des Schäferhundes ist nicht nur bedrohlich, sondern könnte vielleicht sogar lebensgefährlich sein. Die Erinnerung und das wirkliche Ereignis sind also gleichgestellt. Folglich werden schmerzhafte Erinnerungen ins Unterbewusstsein verdrängt, um zu überleben.

Ist aber die Zeit reif, um einen belastenden Konflikt oder ein traumatisches Erlebnis näher zu betrachten, so verwendet das Unterbewusste immer dieselbe Methode: Erst kommt ein Flüstern wie zum Beispiel durch Rückenschmerzen, dann folgt ein Rufen wie beispielsweise durch chronische Rückenschmerzen, danach folgt ein Schrei wie zum Beispiel durch einen Bandscheibenvorfall, der allerdings durch eine Operation behoben werden kann. Wird ein Schrei des Unterbewussten nur scheinbar - wie hier durch eine Operation - gelöst, so kommt es zu einer Symptomverschiebung, die sich in Form einer neuen Erkrankung wie zum Beispiel Krebs zeigen kann.

Gespräch mit dem Unterbewussten

Um mit dem Unterbewussten in der richtigen Weise zu kommunizieren, sollte man einiges darüber wissen.

Das Unterbewusste reagiert wie ein kleines Kind. Es aktiviert sämtliche Abwehrmechanismen, die wir aus unserer Kindheit kennen. Es ist misstrauisch, trotzig, schmollt oder lügt. Das Unterbewusste wird jedoch auch gerne belohnt wie zum Beispiel durch Zustimmung. Es liebt aber auch Spaß, Freude und Lachen. Sobald der Gesprächspartner eine Schwäche zeigt, indem er beispielsweise ein Gefühl von Schwermut oder Zaghaftigkeit signalisiert, wird das Unterbewusste misstrauisch. Außerdem ist das Unterbewusste verwundbar, abhängig, hilflos und schwach - wie eben ein kleines Kind. Das Unterbewusste kennt nur den

Augenblick und hat kein Zeitgefühl. Es hat kein Gefühl für die Realität, das heißt etwas Vergangenes wird in der Gegenwart genauso empfunden wie damals, auch wenn sich die Situation jetzt völlig anders darstellt. Das Unterbewusste kann also nicht zwischen den einzelnen Bildern, die zeitlich unabhängig voneinander sind, unterscheiden. Dies bedeutet folgendes: Das Unterbewusste ist nicht fähig, zu unterscheiden, ob das Bild, das abgespeichert wurde, in der Gegenwart dieselbe Intensität aufweist wie damals. Weiterhin kann es nicht zwischen der damaligen Situation (Schäferhund = Gefahr), dem Gemälde (Schäferhund auf einem Bild) und dem hier und heute (Schäferhund spielend in einer Wiese) unterscheiden.

Grundsätzlich sollte man sanft mit seinem Unterbewussten umgehen und jegliche Art von Kritik und Wertung vermeiden.

Seelische Konflikte, die noch unerlöst sind

Zitat Dr. Klinghardt: „Ein unerlöster seelischer Konflikt entsteht, wenn das Vertraute, das im Leben abläuft, oder das, was fest verankert wird, plötzlich durch ein als schockierend empfundenes Ereignis unterbrochen wird, während der Körper und das Nervensystem in einem Zustand verminderter Resistenz beziehungsweise Stärke ist."

Ein häufiger Grund, warum Traumata nicht verarbeitet werden können, ist die Unmöglichkeit während des traumatischen Erlebnisses, eigene Gefühle zu empfinden oder gar zu äußern. Die Erklärung ist, dass der Betroffene während des traumatischen Erlebnisses unter Lebensgefahr stand und/oder das Ausleben seiner Gefühle die Lage, in der er sich damals befand, vergrößert und verschlimmert hätte.

Die moderne Psychologie bezeichnet unerlöste Kindheitskonflikte oder Traumata als das Ursprungstrauma. Leichte Traumata können für leichte Erkrankungen verantwortlich sein; schwere Traumata für schwere Erkrankungen wie beispielsweise Krebs.

Jeder von uns erlebt während seiner Kindheit, in seiner Jugend oder im Erwachsenenleben eine Anzahl von traumatischen Situationen. Diese können, müssen aber nicht, ihre Spuren hinterlassen. Diese Spuren wiederum können sich zu Spätfolgen in der Psyche entwickeln oder ein Leben lang gewisse Themen, die immer wieder kehren, negativ beeinflussen wie zum Beispiel Krankheit, Sucht oder auch finanzielle Krisen.

Durch die vielen Erfahrungen, die jeder Einzelne im Leben macht, erlangt der Mensch eine gewisse Reife. Diese Reife ist notwendig, um einen seelischen Konflikt zu lösen, das heißt ein unerlöster seelischer Konflikt kann mit einer Zeitbombe verglichen werden. Erst wenn der Einzelne innerlich bereit ist, den unerlösten Konflikt und die damit verbundenen Gefühle näher zu betrachten, kann der seelische Konflikt gelöst werden.

Fast alle Formen der modernen Psychotherapie wie beispielsweise die Psychoanalyse, die Gestalttherapie, das Psychodrama, die Psychiatrie, die Hypnosetherapie aber auch die Bioenergetik und die Tanztherapie sind sich heute in einem einig: Sind in der Kindheit oder Jugend Konflikte oder Traumata nicht verarbeitet worden, kann dies zu seelischen Störungen führen, die sich später in Gemütserkrankungen oder körperlichen Erkrankungen äußern können. Weiterhin ist heute bekannt, dass ungelöste Situationen, die im Erwachsenenalter erlebt wurden, zu Ängsten oder Stresssituationen führen können. Nicht einig ist man sich darüber, was ein ungelöster Konflikt ist.

Sexuelle Gewalt und Psycho-Kinesiologie

Ist ein kleines Kind von einer Person sexuell missbraucht worden, so ist es nicht fähig, den Täter zu hassen. Erst wenn dieses kleine Kind als Erwachsener reif dafür ist, diesen Hass zu spüren, kann der Konflikt gelöst werden. Dies kann Jahrzehnte dauern. Die Konflikte bleiben so lange im Unterbewussten versteckt oder vergraben, bis der richtige Zeitpunkt gekommen ist, sie ins Bewusste zu holen und zu verarbeiten. Der Konflikt meldet sich dann in Form von körperlichen oder seelischen Beschwerden, also durch eine Krankheit, und signalisiert dadurch, dass jetzt die Zeit reif ist. Es gibt keinen Umweg, der Konflikt **muss** erlöst werden. Hierzu ist es notwendig, den Konflikt und die damit verbundene Ursache - also das ursprüngliche Trauma - zu erkennen.

Wurde die Ursache des Konfliktes erkannt, der Konflikt aufgearbeitet oder erlöst, so verschwinden die körperlichen oder seelischen Symptome. Wird die Ursache des Konfliktes oder des traumatischen Erlebnisses nicht erkannt und erlöst, so verstärken sich die Beschwerden solange, bis der Konflikt erlöst wird.

Dr. Klinghardt schreibt über sexuellen Missbrauch: „(...) Hier gibt es ein breites Spektrum: sexueller Missbrauch in der Familie und dem beteiligten Personenkreis kann vom Großvater, von der Mutter, dem Bruder bis zum Babysitter reichen - oft unter Androhung von Gewalt, wenn der gewünschte „Dienst" nicht geleistet wird oder unter Morddrohung, um zu verhindern, dass der/die Missbrauchte etwas sagt. Leider wird der Missbrauch häufig nicht phantasiert, sondern hat wirklich stattgefunden. (...) Durch meine Erfahrungen als Arzt in den USA hatte ich ursprünglich das Gefühl, dass das Thema sexueller Missbrauch hier häufiger ein Problem darstellt als in Mitteleuropa. Doch bei meinen Besuchen in Deutschland in den letzten Jahren habe ich festgestellt, dass sexueller Missbrauch hier genauso häufig ist wie in den USA, nur die Aufdeckungsquote ist zurzeit noch geringer."

Hinweis: Grundsätzlich sollte die Kinesiologie von einem Fachmann durchgeführt werden; von einer Eigenbehandlung ist dringend abzusehen.

Rückführung

Wie entstand die Rückführung?

In der ersten Hälfte des 19. Jahrhunderts wurden die ersten Experimente mit Hypnose durchgeführt. Dabei beobachtete man ein Phänomen, das immer wieder auftrat. Eine Person, die in Hypnose versetzt wurde, verhielt sich so, als ob sie eine andere Person wäre. Das Verhalten dieser Person war so, als ob sie nicht heute leben würde, sondern in einer anderen Zeit und vielleicht sogar mit einem anderen Geschlecht.

In der Schulmedizin fand man nur eine Erklärung. Dies waren so genannte hypnotische Halluzinationen oder Eigenschaften aus der damals verpönten Reinkarnationslehre. Bereits Mitte des 19. Jahrhunderts fing man unter dem Aspekt der Reinkarnationslehre an, hypnotische Rückführungen durchzuführen.

Fernández Colavida und Estevan Marata aus Spanien sowie Albert de Rochas aus Frankreich gehörten auf diesem Gebiet zu den Pionieren. Weitere Forschungen über die Rückführung wurden im 20. Jahrhundert von John Björkhem aus Schweden, Asa Roy Martin und Morey Bernstein aus den USA sowie Denys Kelsey, einem britischen Psychiater, vorgenommen.

Allmählich entdeckte man, dass Rückführungen auch ohne Hypnose gemacht werden können. Heute werden Rückführungen überwiegend ohne Hypnose durchgeführt.

Die Reinkarnationslehre

Reinkarnation bedeutet Wiedergeburt der Seele in einem nächsten Leben. Diese Aussage ist in den meisten Weltreligionen ein fester Bestandteil. Die Wiedergeburt der Seele in einem nächsten Leben bedeutet also, dass die Seele nach dem Tod in einem neuen Körper weiterlebt. Genauer gesagt: Die Seele befindet sich in einem Körper mit der dazugehörigen Persönlichkeit. Nach dem Tode legt die Seele diesen Körper mit der Persönlichkeit ab und befindet sich dann in einem neuen Leben in einem neuen Körper mit einer neuen dazugehörigen Persönlichkeit und so weiter. Dies kann man vergleichen mit dem Ablegen der

Kleider vor dem Schlafengehen und dem Anziehen neuer Kleider am nächsten Tag.

Im Abendland wurde im Jahr 543 vom oströmischen Kaiser Justinian per Edikt die Lehre von der Reinkarnation verbannt. Kann es sein, dass die Idee von der Wiedergeburt der Seele unkirchlich ist? Die heutigen Dogmatiker lehnen die Reinkarnationslehre ab, obwohl dem Urchristentum die Idee der Wiederverkörperung (Reinkarnation) nicht fremd war. Die Nachweise hierfür wurden jedoch zum großen Teil in der Kirchengeschichte vernichtet. In der Bibel gibt es eine Reihe von Stellen, die auf die Reinkarnation hinweisen. Das kirchliche Dogma fordert eine vorgeschriebene Übersetzungsweise der Bibel. Somit wird die Tatsache übergangen, dass Bibelstellen auch anders übersetzt werden können und dadurch einen völlig neuen Sinn bekommen. Übersetzungen sind Interpretationen, das heißt es wird so übersetzt, wie man es versteht, verstehen will oder auch verstehen soll. Nirgendwo in der Bibel gibt es Äußerungen gegen die Reinkarnation.

Sowohl bei den Indianerstämmen, den Wikingern, den Eskimos und den Kelten, wie auch bei vielen afrikanischen Stämmen und in Polynesien war der Glaube an die Wiedergeburt verbreitet. Viele griechische Philosophen und Dichter wie zum Beispiel Pythagoras, Plato, Plutarch und Orpheus schrieben über die Reinkarnationslehre.

Dr. Sigdell schreibt über die Reinkarnation in der Bibel folgendes: „(…) Viel besprochen ist die Stelle, wo die Jünger Jesus fragen: „Wieso sagen denn die

Schriftgelehrten, Elias müsse zuvor kommen?" Er antwortet: „...ich sage euch, dass Elias schon gekommen ist ..." (Matth. 17, 10 – 13). Da verstanden die Jünger, dass er von Johannes dem Täufer sprach. Man hat nun wiederholt versucht, diese Bibelstelle nach dem Dogma „zurechtzudrehen", obwohl die wörtliche Aussage am ehesten so verstanden werden kann: Johannes der Täufer war die Reinkarnation von Elias."

Die Hypnose

Das Wort Hypnose stammt aus dem Griechischen von dem Wortstamm hypnos ab und bedeutet Schlaf. Der Schotte James Braid hat die Hypnose eingeführt. Allerdings ist die Hypnose kein Schlafzustand, sondern ein natürlicher Bewusstseinszustand.

Sie ist eine natürliche Anlage des Menschen, die er aus der vorgeburtlichen Zeit mitbringt, sozusagen der prä- und postnatale Zustand des Erwachsenen. In der Hypnose wird der erwachsene Mensch also genau in den natürlichen Zustand zurückversetzt, in dem er kurz vor und kurz nach seiner Geburt war. Somit ist der hypnotische Zustand weder ein Wach-Sein noch der Schlaf.

In der Hypnose verändern sich einige körperliche Funktionen. Die Atmung verlangsamt sich, ebenso der Herzschlag und der Blutkreislauf im Gehirn. Das Blut bleibt in den Arterien der Arme und Beine liegen und es entwickeln sich in den Extremitäten Schwere- und Wärmegefühle, Arm- und Beinmuskulaturen versteifen.

In der Hypnose gibt es Möglichkeiten, das Bewusstsein in körperlichen, seelischen und geistigen Bereichen zu erweitern. Sie ermöglicht körperliche, seelische und geistige Leistungen, die willkürlich nicht zu erbringen sind. Unter Hypnose ist ausschließlich der beschriebene Bewusstseinszustand zu verstehen, das heißt eine Suggestion unter Hypnose ist keine Hypnose mehr, sondern bereits eine Therapieform.

Hypnose kann für viele Zwecke eingesetzt werden. Zum einen wird sie beispielsweise bei Bühnenhypnosen missbraucht. Hierbei werden Menschen scheinbar willenlos gemacht und weder die Menschenwürde, der freie Wille noch die Ethik beachtet. Andererseits wird die Hypnose in der Heilkunde angewandt. Hierzu Werner Meinhold: „(…) Da die geisteswissenschaftliche Zielsetzung eine freie Entwicklung des Menschen zum Erkennen seines Höheren Selbst beinhaltet (…), würde natürlich eine suggestive Fremdsteuerung, selbst im Dienste einer vordergründigen Wiedererlangung seelischer und körperlicher Gesundheit, dem entgegenstehen. Diesem Einwand kann dort gefolgt werden, wo die Hypnose tatsächlich nur in Verbindung mit Suggestion eingesetzt wird (…)."

Die Hypnose oder Hypnosetherapie ist schwierig und sehr zeitaufwändig bei Menschen, die eine jahrelange Psychoanalyse absolviert haben, sowie bei Ärzten, die sich einer Hypnose unterziehen wollen. Die Menschen, die jahrelang eine Psychoanalyse gemacht haben, sind darauf geschult, jedes Wort zu registrieren und zu hinterfragen. Außerdem sind diese Menschen geschult, ihre eigene Person ständig zu beobachten und kritisch zu betrachten. Die Ärzte dagegen versuchen während einer Hypnose jeden einzelnen Schritt wissenschaftlich nachzuvollziehen. Daher bleiben sie lange im Wachzustand und kommen schwer in einen hypnotischen Zustand. Hier steht der Hypnotiseur vor der schwierigen Aufgabe, bei diesen Klienten erst diese kontrollierenden Haltungen aufzulösen, um ihnen ein Sich-fallen-lassen, ein Nicht-beachten oder ein Nicht-aufpassen möglich zu machen. Auf diesem Weg können Erwachsene in den natürlichen prä-postnatalen Zustand gelangen. [2]

***

Ich möchte ausdrücklich darauf hinweisen, dass eine Hypnose oder Hypnosetherapie nur durch einen erfahrenen Therapeuten erfolgen sollte.[3]

Rückführung nach Dr. Sigdell

Sich rückführen zu lassen bedeutet, sich an Bilder zu erinnern oder Bilder anzusehen, die wir verdrängt haben, und die nun ans Licht wollen. Diese Bilder vermitteln uns eine Botschaft und sind Bilder unserer Seele.

Die bewusste Rückführung nach Dr. Jan Erik Sigdell arbeitet ohne Hypnose. Die Bilder aus unseren Vorleben (Reinkarnation) oder aus Situationen unseres derzeitigen Lebens werden im Wachzustand erlebt und wahrgenommen. Die Klienten gehen zu dem Zeit-

---

[2] Quelle: Broschüre „Hypnosetherapie - Magie oder Medizin" von Wolfgang E. Schmitz in München
[3] Siehe Kapitel: Gefahren der Rückführungstherpie auf Seite 148

punkt zurück, der Einfluss auf ihre heutigen Probleme hat, damit diese zukünftig gelöst werden können. Somit werden Informationen über jenen Zeitpunkt gesammelt. Der nächste Schritt ist die Auflösung der belastenden Situation aus der Vergangenheit. Ist dies geschehen, so können uns die daraus entstandenen Probleme nicht mehr negativ beeinflussen.

Diese sanfte Form der Rückführung hat zum Ziel, Zusammenhänge zwischen Erfahrungen aus einem Vorleben oder einem Erlebnis beziehungsweise Trauma aus diesem Leben und den daraus entstandenen Glaubenssätzen und Verhaltensmustern, die uns belasten, zu erkennen. Ein wesentlicher Bestandteil der bewussten Rückführung ist das Heilen und Loslassen der alten Gefühle, Schmerzen und/oder emotionalen Verletzungen. Durch die Rückführung kann sich das zukünftige Erleben verändern und Probleme wie zum Beispiel in zwischenmenschlichen Beziehungen, in der Sexualität oder auch hinsichtlich der Gesundheit können vermindert oder sogar ganz behoben werden.

Wie funktioniert die Rückführung?

Ende der 60er Jahre wurde die Technik der „sanften" Rückführung von dem Amerikaner Bryan Jameison entwickelt.

Zuerst wird die betreffende Person, während sie auf einer Liege liegt, vom Therapeuten zu einer Atemübung angeleitet. Danach werden verschiedene Körperpartien in einer vorgegebenen Reihenfolge gedanklich ausgeschaltet, um so einen leicht veränderten Bewusstseinszustand zu erreichen. In diesem Zustand ist der/die Betreffende noch fähig, alles wahrzunehmen, kann seinen/ihren Verstand benutzen, nicht manipuliert werden und jederzeit aufstehen und die Rückführung beenden. Somit sind die freie Entscheidung und der freie Wille des Einzelnen gewährleistet.

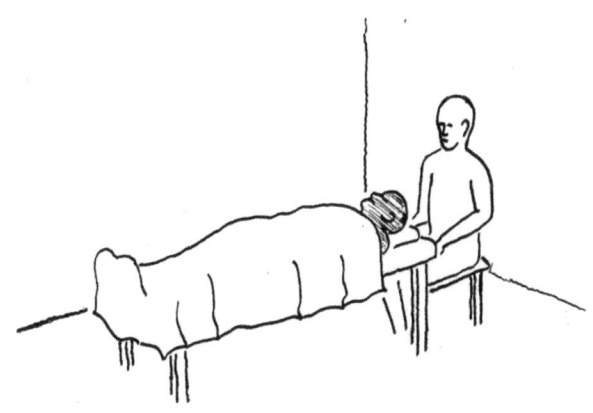

Zunächst soll sich der/die Betreffende ein Gebäude vorstellen, dann hineingehen, um mit einem Aufzug oder über eine Treppe in das höchste Stockwerk zu gelangen. Dabei soll der/die Betreffende beschreiben, was er/sie gerade sieht. Anschließend soll die Person durch eine Tür gehen, um so in eine andere Umgebung zu gelangen und hier erneut schildern, was sie sieht.

Diese andere Umgebung ist in der Regel eine Situation aus einem Vorleben beziehungsweise die belastende Situation aus diesem Leben. Weiter wird die betreffende Person gebeten, die Kleider, die sie gerade trägt, zu beschreiben. Anschließend führt der Therapeut die rückzuführende Person mit weiteren Fragen durch die Situation. Meist werden etwa folgende Fragen zur belastenden Situation gestellt: Sind dort weitere anwesende Menschen? Können Sie mir Angaben zu den Namen oder konkrete Orts- und Zeitangaben machen? Wissen Sie das Todesjahr aus dem Vorleben? Welche Empfindungen haben Sie? Hierbei wird immer der Innere Helfer oder das Hohe Selbst zu Rate gezogen.

Die Rückkehr ins Wachbewusstsein nach erfolgter Rückführung findet nach demselben Prinzip statt, nur in umgekehrter Reihenfolge.

Aspekte der Rückführung nach Dr. Sigdell

Der Zeitfaktor

Das Wichtigste bei der Rückführungstherapie ist der Zeitfaktor. In der Regel dauert eine Rückführung etwa vier Stunden, gelegentlich auch länger. Es ist sinnvoll, die gesamte Problematik beziehungsweise das gesamte Trauma in einer Rückführung anzusehen und aufzuarbeiten.

Dies gelingt jedoch nicht immer und es wird deshalb eine weitere Rückführung notwendig. Falls die Problematik oder das Trauma nach vier Rückführungen noch nicht geklärt sein sollte - was sehr selten vorkommt - so ist vermutlich eine andere Therapieform für die betreffende Person geeigneter.

Nicht-hypnotische Rückführungstherapie

In einer tief-hypnotischen Rückführung - wie sie hier nicht gegeben ist - ist die Person voll und ganz jene Person, um die es sich in der Rückführung handelt und weiß nicht, wer sie heute ist.

Bei der Rückführung nach Dr. Sigdell befindet sich die Person in einem nicht-hypnotischen Zustand. Somit vergisst die Person nicht, wer sie heute ist und kann sich nach der Rückführung an das Erlebte erinnern. In diesem Zustand befindet man sich jedoch in einem leicht veränderten Bewusstseinszustand; das Wachbewusstsein ist aber nicht vollständig ausgeschaltet.

Dr. Sigdell schreibt hierzu: „Der bekannte niederländische Reinkarnationstherapeut Hans te Dam hat einen sehr passenden Begriff eingeführt. Er spricht von einem „elliptischen Bewusstsein". Eine Ellipse hat zwei Brennpunkte. So ist es auch in der nicht-hypnotischen Rückführung: Es entstehen wie zwei Brennpunkte, der eine fokussiert auf die Vergangenheit, der andere bleibt in der Gegenwart. (…)."

Da das Bewusstsein bei einer nicht-hypnotischen Rückführung mit dabei ist, kann das Erlebte automatisch integriert werden. Somit erübrigt sich in der Regel eine Nachbearbeitung.

Die Bedeutung des Urproblems

Ziel der Rückführungstherapie, die uns entweder in ein Vorleben (Reinkarnationstherapie) oder in eine zurückliegende Situation aus diesem Leben zurückführt, ist die Aufdeckung des Urtraumas. Das Urtrauma ist ein äußerst einschneidendes, vielleicht sogar sehr schlimmes Erlebnis. Durch dieses Erlebnis wurde die Seele tief verletzt und es kann später zu körperlichen, seelischen oder geistigen Beschwerden kommen.

Ganz wichtig ist in der Rückführung, dass das ursächliche Problem oder Trauma betrachtet und noch einmal erlebt wird. Der **einzige** Weg das Urproblem und die damit verbundenen belastenden Gefühle aufzulösen ist, dieses Erlebnis mit allen Emotionen und körperlichen Beschwerden, seien sie auch noch so schmerzhaft, erneut zu durchleben. Betrachtet man nur die damalige Situation, so hat man zwar eine nachvollziehbare Erklärung für die daraus entstandenen Folgen, doch das Problem oder Trauma an sich ist noch nicht gelöst. Nur durch das Durchleben der damaligen Gefühle und körperlichen Beschwerden weiß die betreffende Person, um welche Gefühle und körperlichen Beschwerden es sich handelte und in welcher Intensität diese auftraten.

Ein weiterer Schritt bei der Rückführungstherapie ist es, sich bewusst zu werden, dass die damaligen belastenden Gefühle und körperlichen Beschwerden im Hier und Jetzt keine Bedeutung mehr haben.

Während sich die rückzuführende Person mit der Ursache ihrer Problematik befasst, kann es zu Widerständen kommen. Das Unterbewusste wehrt sich, denn es will verhindern, die alte schmerzliche oder traumatische Situation noch einmal durchleben zu müssen. Die Überwindung dieses Widerstandes ist der Weg zur Heilung. Erst wenn wir reif für die Aufarbeitung des Traumas sind, können wir auch die Verdrängung dieser Situation und somit den Widerstand als Schutzmechanismus ablegen. Genauer gesagt: Wir tragen das Erlebte und Verdrängte so lange in uns, bis wir den Mut haben, es genau anzusehen, um uns dem Erlebten wieder bewusst zu werden. Erst dann können wir es loslassen.

Der Therapeut muss aber wissen, wie er der rückzuführenden Person helfen kann, diese Widerstände zu überwinden oder ob die Zeit tatsächlich noch nicht reif dafür ist, weil die Situation für die Person noch zu belastend wäre.

In der Reinkarnationslehre geschieht ein schreckliches Erlebnis oder Trauma in diesem Leben nicht umsonst. Aus irgendwelchen Gründen musste man am eigenen Leib etwas erfahren. Hierzu schreibt Dr. Sigdell: „(…) Nach dem Gesetz des Karma beinhaltet die Situation eine Lektion, aus der man auf der Seelenebene lernen sollte. Dies bedeutet, dass man etwas Ähnliches vorher einmal auf der Täterseite erlebte. Sonst hätte man ja die Lektion nicht nötig."

Wenn man diesen Zusammenhang begriffen hat, fällt es leichter, das Opfererlebnis, das man in diesem Leben hatte, besser zu verstehen. Das schreckliche Erlebnis oder Trauma kann somit als Lektion betrachtet werden, die unsere Seele braucht, um zu lernen. Die Seele hat also vor der nächsten Inkarnation entschieden, dass sie das eine oder andere Erlebnis haben wird, um zu lernen und dem zugestimmt. Wie kann man aber einem schrecklichen Erlebnis so einfach zustimmen? Dr. Sigdell meint hierzu: „(…) Das kommt daher, dass wir im Seelenzustand zwischen zwei Verkörperungen[4] ein anderes Bewusstsein haben, in dem wir erkennen, dass wir bestimmte Erfahrungen machen müssen, um in unserer Entwicklung weiterzukommen.“

Das Urtrauma muss nicht unbedingt seinen Ursprung in einem Vorleben haben. Die Hauptursache eines Problems kann auch in einem Kindheitserlebnis liegen.

Gefühle loslassen und verwandeln

Die belastenden Gefühle aus früherer Zeit müssen losgelassen werden und können symbolisch zum Beispiel in einem Feuer verbrannt werden. Um sicher zu gehen, dass alle negativen Gefühle verschwunden sind, geht die betroffene Person noch einmal unter Anleitung des Therapeuten in die damalige Situation hinein. Nun wird erneut danach gefragt, ob die einzelnen Gefühle wie zum Beispiel Wut, Hass oder Trauer noch vorhanden sind, also ob es noch Restgefühle gibt. Dies wird solange wiederholt bis alle negativen Gefühle komplett losgelassen, das heißt verschwunden sind.

Schuldgefühle aus der Kindheit, die unbewusst sind, können dazu führen, dass wir es uns selbst nicht gut gehen lassen. Wir kommen dann zu der festen Überzeugung, dass wir Positives nicht verdient hätten und

---

[4] Anmerkung der Autorin: Unter zwei Verkörperungen ist das Vorleben und das derzeitige Leben gemeint.

verhindern dadurch unseren Erfolg. Diese Schuldgefühle wurden uns in der Regel von anderen Menschen eingeredet oder wir haben sie uns selbst eingeredet. Sie haben jedoch nicht nur eine negative Auswirkung auf uns, sondern sie geben uns gleichzeitig die Möglichkeit zur Einsicht und Umkehr, sodass eine Wiedergutmachung stattfinden kann. Wenn wir aus den damit verbundenen Lektionen gelernt haben, dann sind Schuldgefühle überflüssig. Die alten Schuldgefühle werden in der Rückführung aufgelöst, sodass sie zukünftig nicht mehr belasten.

Die losgelassenen Gefühle sollten durch positive Inhalte ersetzt werden. Hierzu eignet sich am besten die Lichtenergie. Dr. Sigdell: „Wir bitten also den inneren Helfer, die Person ganz in Licht zu hüllen, damit sie die heilsame Energie des Lichtes in sich aufnehmen und damit die aufgelösten Gefühlsenergien ersetzen kann. Danach steigt sie aus dem umhüllenden Licht wieder aus, behält aber das aufgenommene Licht in sich."

Die Versöhnung

Der Schlussstrich unter ein aufzulösendes Trauma wird durch das Verzeihen oder die Versöhnung gezogen. Dabei ist es wichtig, dem Täter zu verzeihen, um endlich frei zu werden. In der Rückführung wird ein gedanklicher Dialog mit dem Täter geführt, das heißt der Dialog findet sozusagen telepathisch statt.

Leichter fällt das Verzeihen, wenn die rückzuführende Person die Zusammenhänge wie beispielsweise karmische Verbindungen verstanden hat. Buddha sagte hierzu: „Betrachte jeden, der dich verletzt, als deinen Lehrer."

Wesentlich schwieriger ist es, sich selbst zu verzeihen. Für diese besondere Schwierigkeit gibt es zwei Gründe. Zum einen kann man in einem Vorleben selbst einmal der Täter gewesen sein, zum anderen macht man sich Vorwürfe, dass man zum Zeitpunkt des selbst erlebten Traumas nichts dagegen unternommen hat.

Das ursächliche Problem hat erst dann keine Bedeutung mehr, wenn die Versöhnung stattgefunden hat.

Der innere Helfer und das Hohe Selbst

Durch den inneren Helfer ist es möglich, ein Gespräch mit dem eigenen Unterbewussten zu führen. Der innere Helfer erscheint vor unserem inneren Auge in der Regel in Form eines Menschen, einer Lichtgestalt, eines Lichtscheines ohne genaue Konturen oder als engelartiges Wesen. Wichtig dabei ist, dass es eine Gestalt oder Erscheinung ist, bei der man sich wohl fühlt. Zusammen mit dem inneren Helfer kann dann in der Rückführung vieles aufgeklärt werden.

Das Hohe Selbst ist das höchste Geistige eines Menschen und steht mit unserer Seele in Verbindung. In der Rückführung ist es sinnvoll, die Leitung von Anfang an dem Hohen Selbst zu übergeben. Denn das Hohe Selbst achtet darauf, dass nur Situationen auftauchen werden, mit denen die rückzuführende Person umgehen kann, das heißt, Situationen, welche die Person auch verkraften wird. Hier ist unser Hohes Selbst der Führer, Begleiter und Beschützer.[5] Das Hohe Selbst ist normalerweise für uns unsichtbar. Somit können wir die Schritte während einer Rückführung unbeeinflusst geschehen lassen und unseren intuitiven Eingebungen folgen.

Findet vor dem inneren Auge eine Begegnung mit dem Hohen Selbst statt, wird während der Rückführung der innere Helfer nicht mehr benötigt. Diese Begegnung kann zum Beispiel symbolisch in verschiedenen Formen stattfinden: Einem Menschen, einem Engel, einer Lichtgestalt, einem Fels in der Brandung oder auch einem großen starken Baum. In diesem Fall übernimmt das Hohe Selbst die Funktion des inneren Helfers.

Gefahren der Rückführungstherapie

Menschen, die unter einer Psychose leiden oder in der Vergangenheit darunter gelitten haben, wird dringend von einer Rückführungstherapie abgeraten. Eine Psychose ist eine schwere und tiefe Störung im Eigen- und Realitätsbezug, sie kann durch die Einwirkung einer Hypnose reaktiviert werden und Komplikationen auslösen.[6]

Nach einer Rückführung kann es passieren, dass Fragen unbeantwortet geblieben sind oder das Problem noch nicht vollständig gelöst wurde. Dies kommt sehr selten vor. Eine Erstverschlimmerung, wie sie aus der

---

[5] Siehe auch Kapitel über die Huna-Lehre
[6] Quelle: Dr. Jan Erik Sigdell, Rückführung in frühere Leben, Ansata Verlag

Homöopathie bekannt ist, kann erfolgen. Bei einer Erstverschlimmerung nach einer Rückführung können beispielsweise Angstgefühle stärker werden. Eine solche Erstverschlimmerung geht aber erfahrungsgemäß innerhalb einer Woche vorüber. Zum Thema Erstverschlimmerung sagt Dr. Sigdell: „(…) Wie in der Homöopathie kann dieses Zeichen als positiv gewertet werden. Sie zeigt, dass wir auf die wahre Ursache eines Problems gestoßen sind und dass lediglich deren Auswirkungen noch nicht aufgelöst werden konnten. Das liegt fast immer daran, dass der unbewusste Widerstand eines Klienten manchmal zu stark ist. Er sträubt sich dagegen, eine unangenehme Situation in der Vergangenheit zu durchleben oder schaut sie nur an, ohne die Gefühle an sich heranzulassen. Natürlich wird man versuchen, diesen Widerstand zu überwinden, aber in seltenen Fällen ist er so stark, dass der Rückführende am Ende seines Lateins ist und dass für dieses Mal aufgegeben werden muss. In genau so einem Fall kann es unter Umständen zu einer Erstverschlimmerung kommen. Es ist dann in jedem Fall ratsam, bald wieder eine Rückführung durchzuführen."

WICHTIGER HINWEIS

Ausdrücklich wird darauf hingewiesen, dass eine Rückführung nur unter Anleitung eines erfahrenen Therapeuten beziehungsweise eines Therapeuten, der eine Ausbildung hierzu absolviert hat, erfolgen sollte.

Beispiel einer Rückführung

In diesem Kapitel sollen die Tragweite und Wirksamkeit der angewandten alternativen Methoden sowie Details, wie ein sexueller Missbrauch ablaufen kann, besonders sichtbar gemacht werden.

Ich möchte mich herzlich bei der Betroffenen bedanken, die mir freundlicherweise Auszüge aus ihren Rückführungen zur Verfügung gestellt hat. Unter Berücksichtigung der Privatsphäre der Betroffenen wurden hier die harmlosen Varianten des Erlebten niedergeschrieben.

Ausdrücklich möchte ich darauf hinweisen, dass Namen von mir anonymisiert sowie Örtlichkeiten und Daten von mir verfremdet worden sind. Treten trotzdem Ähnlichkeiten mit lebenden oder toten Personen auf, sind diese unbeabsichtigt und rein zufällig.

***

Die folgenden protokollarischen Darstellungen verdeutlichen, wie eine Rückführung in der Praxis ablaufen kann. Während des Dialoges werden der Therapeut mit „Th", die Klientin mit „K" abgekürzt.

Auf die detaillierte Erläuterung, dass sich die betreffende Person ein Gebäude vorstellen soll, dort hinein gehen soll und sich mit einem Aufzug oder über eine Treppe in das höchste Stockwerk begeben soll sowie auf die Beschreibung, was der/die Betreffende gerade sieht, wurde verzichtet; ebenso wie die Passage, in der der/die Betreffende durch eine Tür in eine andere Umgebung gelangt. Die hier nachfolgende Rückführung beginnt mit der ersten Erinnerung der damals belastenden Situation beziehungsweise des damaligen Traumas.

Bei dieser Rückführung erschien vor dem inneren Auge für das Hohe Selbst das Bild eines Baumes.

Zuerst wird symbolisch das Wachbewusstsein ausgeschaltet, um besser mit dem Unterbewussten in Verbindung treten zu können.

Hierzu bittet der Therapeut die Klientin um folgendes:

Schließen Sie die Augen und schalten Sie nun der Reihe nach an folgenden Körperstellen symbolisch die Schalter aus.

Am rechten Vorderfuß,
am rechten Knie,
an der rechten Hüfte,
am linken Vorderfuß,
am linken Knie,
an der linken Hüfte.
Nun bitte am rechten Handrücken,
am rechten Ellenbogen,
an der rechten Schulter,
am linken Handrücken,
am linken Ellenbogen und
an der linken Schulter.
Dann bitte am Schädeldach, dem höchsten Punkt des Kopfes, an der Mitte der Stirn und am Kehlkopf.
Und zum Schluss am Steißbein und im Nacken.

Lassen Sie nun Ihr Bewusstsein zu den Füssen sinken, ungefähr so, wie wenn man einen Stein ins Wasser fallen lässt und dieser auf den Grund des Sees sinkt.

Im Vorfeld hatte der Therapeut die Klientin auf folgendes aufmerksam gemacht: Bei einer Rückführung ist es wichtig, dass das damals Erlebte und die damit verbundenen Gefühle angesehen und vor allem auch angesprochen werden, damit die belastenden Gefühle aufgelöst werden können.

***

Th: Wo sind Sie gerade?

K: Ich bin in dem Garten, in dem ich aufgewachsen bin.

Th: Was machen Sie da?

K: Schaukeln.

Th: Sind Sie allein?

K: Nein, es sind noch andere Menschen da.

Th: Sind die anderen Menschen Kinder oder Erwachsene?

K: Erwachsene.

Th: Wer?

In diesem Moment kann sich die Klientin nicht genau an die damalige Situation erinnern. Der Therapeut versucht auf eine andere Weise herauszufinden, wer damals die Erwachsenen waren.

Th: Hören Sie Stimmen?

K: Nein.

Th: Noch einmal, was machen Sie gerade? Sitzen Sie noch auf der Schaukel?

K: Ja.

Th: Was sehen Sie?

K: Ich schaukele, will herunter springen und sehe mehrere Gesichter.

Th: Welche Gesichter?

K: Gesichter von Menschen, die ich kenne.

Th: Von wem sind die Gesichter?

Erneut kann sich die Klientin nicht genau an die damalige Situation erinnern. Wieder versucht der Therapeut auf Umwegen, konkreter die damals erlebte Situation zu erkunden.

Th: Wie viele Gesichter können Sie sehen?

K: Drei.

Th: Wie alt sind Sie?

K: Vier.

Th Sehen Sie Ihre Füße an, tragen Sie Schuhe?

K: Nein, ich bin barfuß.

Th: Was haben Sie an?

K: Eine kurze Hose.

Th: Wie fühlen Sie sich mit den Gesichtern?

K: Nicht gut.

Th: Gehen Sie zehn Minuten in die Zukunft. Was sehen Sie jetzt?

K: Ich sitze noch auf der Schaukel.

Th: Was ist mit den Gesichtern? Immer noch die Erwachsenen?

K: Ja.

Th: Kennen Sie die Gesichter? Fragen Sie Ihr Hohes Selbst.

K: Ja, meine Mutter, mein Vater und mein Großvater.

Th: Was machen Sie jetzt?

K: Ich möchte von der Schaukel springen und kann nicht.

Th: Wieso nicht?

K: Ich bin wie festgeklebt.

Th: Versuchen Sie von der Schaukel zu steigen? Geht das?

K: Nein, jetzt sind meine Beine weg.

Th: Gehen Sie eine halbe Stunde in die Zukunft, wo sind Sie jetzt?

K: Ich kauere in einem Eck hinter einem Holzschuppen.

Th: Wie fühlen Sie sich da?

K: Sicherer als auf der Schaukel.

Th: Warum sind Sie zusammengekauert? Wie fühlen Sie sich?

K: Einsam.

Th: Ist jemand in der Nähe?

K: Nein.

Th: Sind die Gesichter noch da?

K: Nein.

Th: Gehen Sie eine Viertel Stunde zurück. Wo sind Sie? Was sehen Sie?

K: Schwarz.

Th: Was haben Sie bei der Farbe Schwarz für ein Gefühl?

K: Angst.

Th: Wie fühlt sich die Farbe Schwarz an?

K: Sie ist bedrohlich.

Th: Vor was haben Sie Angst?

K: Davor, dass ich nicht weglaufen kann.

Th: Was ist das für eine Angst? Wie sieht diese Angst genau aus?

K: Weiß ich nicht.

Der Therapeut bittet die Klientin, sich in der Situation, die sie als die Farbe Schwarz erlebt, genau umzusehen. Irgendetwas müsste dort ja sein. Er bittet Sie weiterhin, Ihr Höheres Selbst zu bitten, Licht in diese Situation zu bringen.

Th: Haben Sie etwas gefunden?

K: Ja, dort sind viele kalte Steine. Wie in einem Keller. Es ist ein Seiteneingang.

Th: Ist der so dunkel, dass Sie nur die Farbe Schwarz sehen?

K: Nein.

Th: Können Sie mehr als die Farbe Schwarz sehen?

K: Ja.

Th: Sind Sie in dem Seiteneingang allein?

K: Nein, da ist noch ein Gesicht.

Th: Von wem ist das Gesicht?

K: Von meinem Großvater.

Th: Was haben Sie für ein Gefühl?

K: Bedrohung und dass ich weglaufen möchte.

Th: Warum fühlen Sie sich bedroht? Warum laufen Sie nicht weg? Was ist mit Ihrem Großvater?

K: Keine Ahnung.

Th: Bitten Sie Ihr Hohes Selbst, Ihnen zu helfen. Sehen Sie sich die Situation im Kellereingang genau an. Es kann Ihnen nichts passieren. Was sehen Sie jetzt?

K: Ich kann es nicht sagen.

Der Therapeut erklärt der Klientin, dass es wichtig ist, sich das damals Erlebte genau anzusehen und es auszusprechen. Nur so kann dies verwandelt werden. Weiterhin weist er sie erneut darauf hin, dass ihr nichts passieren könne. Sie solle versuchen, auch wenn es noch so unangenehm ist, die Situation von damals zu schildern.

Th: Was sehen Sie?

K: Ich sehe, dass mein Großvater mich berührt.

Th: Was macht der Großvater genau? Versuchen Sie es auszusprechen.

K: Er streichelt mich mit seiner Hand.

Th: Ihr Großvater streichelt Sie mit seiner Hand. Was empfinden Sie?

K: Hass, Wut, Traurigkeit, Einsamkeit und dass ich nicht weglaufen kann.

Th: Wieso Einsamkeit? Ihr Großvater ist doch bei Ihnen?

K: Ja, aber nicht meine Mutter.

Th: Wie geht es weiter? Gehen Sie nach dem Streicheln wieder?

K: Ich habe das Gefühl, dass ich durchhalten muss, denn dann geht die Situation in dem Kellereingang schneller vorbei.

Th: Was macht der Großvater?

K: Er testet, ob ich beim Streicheln an meinem Kitzler etwas empfinde.

Th: Wie geht es weiter?

K: Weiß ich nicht. Ich habe gerade kein klares Bild von dieser Situation.

Th: Gehen Sie drei Minuten in die Zukunft. Wo sind Sie?

K: Immer noch im Kellereingang.

Th: Passiert noch das Gleiche?

K: Ja, aber mein Großvater grinst dazu.

Th: Wie finden Sie das Grinsen?

K: Widerlich.

Th: Sagt Ihr Großvater irgendetwas?

K: Nein.

Th: Gehen Sie fünf Minuten weiter in die Zukunft. Was ist jetzt?

K: Jetzt bin ich wieder bei dem Holzschuppen.

Th: Wie fühlen Sie sich jetzt?

K: Klein, beschissen und mit dem Gedanken, dass ich mir nichts anmerken lassen darf.

Th: Wieso gehen Sie nicht zu Ihrer Mutter oder zu Ihrem Vater?

K: Mein Großvater hat eine Morddrohung ausgesprochen.

Th: Wen würde Ihr Großvater umbringen?

K: Meine Mutter, wenn ich etwas erzähle.

Th: Fragen Sie Ihr Höheres Selbst, ob Ihr Großvater so etwas öfters gemacht hat?

K: Ich denke schon.

Th: Sie sollen nicht denken. Fragen Sie Ihr Hohes Selbst.

K: Mir fallen mehrere Bilder ein.

Th: Dann nehmen Sie das erste Bild, das Ihnen eingefallen ist.

Der Therapeut erläutert erneut, dass es wichtig sei, die Bilder anzusehen und diese auszusprechen, um sie dann verwandeln zu können.

Th: Wo sind Sie?

K: Ich bin in einer Kammer auf dem Speicher.

Th: Wie alt sind Sie?

K: Vier.

Th: Was machen Sie da?

K: Ich bin bei meinem Großvater.

Th: Was empfinden Sie bei Ihrem Großvater?

K: Angst. Ich kann nicht weg von hier. Ich bin irgendwie festgezurrt.

Th: Was macht der Großvater?

K: Ich geniere mich, das zu erzählen.

Erneut erklärt der Therapeut der Klientin, dass es wichtig sei, die Erlebnisse anzusehen und auszusprechen. Außerdem weist er sie nochmals darauf hin, dass ihr nichts passieren könne.

Th: Gehen Sie zehn Minuten in die Zukunft. Wo sind Sie?

K: Ich bin mit meinem Großvater im Bett.

Th: Steht in dieser Kammer ein Bett?

K: Ja.

Th: Was haben Sie an?

K: Nichts.

Th: Was hat Ihr Großvater an?

K: Auch nichts.

Th: Gehen Sie eine halbe Stunde weiter in die Zukunft. Wo sind Sie?

K: Immer noch im Bett.

Th: So lange sind Sie mit Ihrem Großvater im Bett?

K: Ja.

Th: Was passiert genau?

Die Klientin kann nichts dazu sagen. Der Therapeut lässt dies erst einmal bewenden und bittet die Klientin eine Stunde in die Zukunft zu gehen.

Th: Wo sind Sie?

K In einem anderen Zimmer.

Th: In welchem Zimmer?

K: In meinem eigenen Zimmer.

Th: Wie fühlen Sie sich?

K: Einsam und schmutzig.

Th: Was machen Sie in Ihrem Zimmer?

Erneut fällt es der Klientin sehr schwer, darüber zu sprechen. Der Therapeut stellt erst einmal eine andere Frage.

Th: Wieso gehen Sie nicht zu Ihrer Mutter oder zu Ihrem Vater?

K: Ich kann nicht zu meiner Mutter gehen, denn sonst bringt sie mein Großvater um.

Th: Wo ist Ihr Vater?

K: Nicht da.

Alte Gefühle positiv verwandeln

Ein weiterer Aspekt bei einer Rückführung ist die Verwandlung der damals erlebten Gefühle. Diese Gefühle werden so verwandelt, dass sie in Zukunft nicht mehr belastend sind.

Th: Gehen Sie wieder in die Situation im Kellereingang. Dort empfanden Sie Wut, Hass, Einsamkeit, Trauer und Angst. Wo sitzt die Angst? In welchem Körperteil sitzt die Angst?

K: In den Beinen.

Th: Wie stellt sich die Angst dar?

K: Sie ist schwer. Sie fühlt sich an wie Gefangenenkugeln, mindestens zwei an einem Bein.

Th: Bitten Sie Ihr Hohes Selbst, diese Eisenkugeln zu entfernen. Geht das?

K: Nein.

Th: Wieso nicht? Sind die Gefangenenkugeln abgesperrt?

K: Ja.

Th: Bitten Sie ihr Hohes Selbst, Ihnen zu helfen. Es hat den Schlüssel, um das Schloss an den Gefangenenkugeln aufzusperren. Funktioniert das?

K: Nein, das Schloss ist mit einem Widerhaken verbunden.

Th: Bitten Sie Ihr Hohes Selbst, den Widerhaken zu entfernen, ohne dass Sie verletzt werden. Geht das?

K: Ja.

Th: Sind die Gefangenenkugeln jetzt weg?

K: Ja.

Th: Bitten Sie Ihr Hohes Selbst, die Gefangenen-
       kugeln wegzuschaffen, zum Beispiel im tiefen
       Meer zu versenken. Sind die Kugeln jetzt weg?

K: Ja, aber ich würde sie nicht versenken, sondern
       wegwerfen.

Th: Haben sei keine Angst, dass die Kugeln zurück
       fallen?

*Der Therapeut erläutert, dass das Unterbewusste
Symbole braucht. Die schweren Kugeln könnten beim
Wegwerfen zurück fallen. Daraufhin erwidert die
Klientin.*

K: Ich werfe die Kugeln auf den Mond.

Th: Sind sie schon auf dem Mond?

K: Ja.

Th: Gut, wo sitzt die Einsamkeit?

K: Im Herzen.

Th: Wie sieht die Einsamkeit aus?

K: Wie Nebel.

Th: Bitten Sie Ihr Hohes Selbst, diesen Nebel auf-
       zulösen, vielleicht durch eine starke Sommer-
       sonne. Geht das?

K: Ja.

Th: Wie sieht der verwandelte Nebel jetzt aus?

K: Er ist zu einem strahlend blauen Himmel ge-
       worden.

Th: Sehr gut, wo sitzt nun die Wut? In welchem
       Körperteil sitzt sie?

K: Im Magen oder Bauch.

Th: Wie fühlt sich die Wut an?

K: Sie brennt.

Th: Wie brennt die Wut? Wie Feuer oder wie ein heißer Gegenstand?

K: Sie brennt wie Feuer.

Th: Bitten Sie Ihr Hohes Selbst, dieses Feuer aus Ihrem Bauch zu entfernen und der Verwandlung zu übergeben. Geht das?

K: Ich schütte gerade Wasser darauf.

Th: Ist das Feuer gelöscht?

K: Nein, noch nicht richtig.

Th: Dann bitten Sie Ihr Hohes Selbst um mehr Wasser. Ist das Feuer jetzt gelöscht?

K: Ja.

Th: Wo sitzt der Hass?

K: Der Hass sitzt bei der Wut.

Th: Wie ist dieser Hass?

K: Wie ein Vulkan.

Th: Bitten Sie nun Ihr Hohes Selbst den Vulkan zu entfernen. Geht das?

K: Ja.

Th: Wo ist der Vulkan jetzt?

K: Ganz weit weg auf einer einsamen Insel.

Th: Was ist mit der Trauer?

K: Ich spüre keine Trauer.

Th: Gibt es sonst noch ein Gefühl?

K: Nein.

Th: Sie waren traurig. Wo ist die Trauer jetzt?

K: Die Trauer war zu einem späteren Zeitpunkt.

Th: Gut, dann gehen Sie noch einmal in die Situation, als Sie hinter dem Holzschuppen zusammengekauert waren. Ist da jetzt noch Trauer?

K: Ja.

Th: Wie sieht die Trauer aus?

K: Ich bin in viele Tücher eingewickelt.

Th: Bitten Sie Ihr Hohes Selbst diese Tücher, die Sie einhüllen zu entfernen. Geht das?

K: Ja, aber ich weiß nicht, was ich mit den Tüchern machen soll?

Th: Wäre es gut, die Tücher zu verbrennen?

K: Ja, aber es könnte eine Glut übrig bleiben.

Th: Was gäbe es für eine Lösung, damit keine Glut übrig bleibt?

K: Einen Hochofen.

Th: Dann bitten Sie Ihr Hohes Selbst, diese Trauer in einem Hochofen zu verbrennen. Geht das?

K: Ja.

Th: Ist die Trauer weg?

K: Ja.

Th: Gehen Sie wieder zurück in die Situation bei dem Kellereingang. Ist da noch Wut?

K: Nein.

Th: Ist da noch Hass?

K: Nein.

Th: Ist da noch etwas von der Einsamkeit?

K: Ja, ein bisschen.

Th: Dann bitten Sie erneut Ihr Hohes Selbst, den Rest der Einsamkeit herauszuholen. Geht das?

K: Ja.

Th: Ist die Einsamkeit noch da?

K: Nein.

Th: Wie war das noch mit dem Gefühl des Gelähmtseins, als Sie nicht weglaufen konnten, als Sie Angst hatten? Ist noch Angst da?

K: Die ist auch weg.

Th: Gehen Sie noch einmal in die Situation in Ihrem Zimmer. Dort fühlten Sie sich ebenfalls einsam, weil Sie das Gefühl hatten, dass Sie nicht zur Mutter gehen können, weil sie sonst umgebracht wird. Was sehen Sie jetzt?

K: Ich strecke meiner Mutter die Arme entgegen, aber sie ist zu beschäftigt.

Th: Ist das nicht auch eine gewisse Einsamkeit?

K: Ja, eine sehr tiefe.

Th: Wo sitzt diese tiefe Einsamkeit?

K: Überall.

Th: Wie sieht diese Einsamkeit aus?

K: Sie ist wie eine dickflüssige, zähe, glitschige Masse.

Th: Dann bitten Sie erneut Ihr Hohes Selbst, diese Masse zu entfernen. Geht das?

K: Ja.

Th: Was tun Sie jetzt mit der Masse?

K   Vergraben.

Th: Dann bitten Sie Ihr Hohes Selbst, ein tiefes Loch zu graben und diese Masse dort hinein zu geben. Können Sie dabei zusehen?

K: Ja.

Th: Wie ist nun die Situation in Ihrem Zimmer? Ist die Einsamkeit noch da?

K: Nein.

Th: Jetzt gehen Sie bitte noch einmal in die Situation, wo Sie mit Ihrem Großvater im Bett waren? Ist da noch Wut?

K: Nein.

Th: Ist da noch Angst?

K: Nein.

Th: Ist da noch ein anderes Gefühl?

K: Nein, aber ich stehe plötzlich neben einem großen starken Baum.

Th: Das ist Ihr Hohes Selbst. Was ist das für ein Gefühl?

163

K: Ich empfinde Stärke und Kraft.

Motivation für Neues

Die Stärke und Kraft der Klientin soll nun aktiviert werden, damit sie sich noch steigert. Hierzu gibt der Therapeut folgende Anweisung: Stellen Sie sich vor, dass Sie so groß wie Sie jetzt sind, sich als kleines Mädchen an der Hand nehmen und in dieser Kammer mit Ihrem Großvater sind. Sie stehen also so groß wie Sie jetzt sind, neben dem Mädchen von damals. Das heißt, dass Sie als Erwachsene neben dem vierjährigen Kind von damals stehen und ihm die Hand geben.

Th: Wie fühlt sich das jetzt an?
K: Wenn ich daneben stehe und nur die Hand halte, dann fühlt sich das nicht gut an.
Th: Was möchten Sie denn machen?
K: Ich würde das kleine Mädchen am liebsten in den Arm nehmen und wegtragen.
Th: Dann tun Sie das. Geht das?
K: Ja.
Th: Bereitet Ihnen Ihr Großvater nun noch Probleme?
K: Nein, mein großer starker Baum ist ja bei mir.
Th: Gehen Sie nun noch einmal zurück zum Kellereingang und machen dort dasselbe wie gerade eben in der Kammer. Ist nun noch ein Gefühl da?
K: Nein.
Th: Gehen Sie nun ebenfalls noch einmal in Ihr Zimmer. Nehmen Sie wieder das Mädchen von damals an der Hand. Was ist nun mit Ihrer Angst um Ihre Mutter? Der Großvater hatte ja

gedroht, dass Ihrer Mutter etwas passieren könnte.

K: Es ist noch etwas Angst da.

Th: Wo sitzt der Rest der Angst?

K: In meinen Knien.

Th: Wie stellt sich die Angst in Ihren Knien dar?

K: Wie dicke Knoten von einem Seil.

Th: Dann bitten Sie Ihr Hohes Selbst, diese Knoten zu öffnen und das Seil zu entfernen. Geht das?

K: Ja.

Th: Was machen Sie nun mit diesem Seil?

K: Verbrennen und die Asche vergraben.

Th: Ist nun noch etwas von Ihrer Angst übrig?

K: Nein.

Th: Haben Sie nun noch Angst um Ihre Mutter?

K: Nein.

Lichtkreismethode

Ein weiterer Aspekt während einer Rückführung ist das Verzeihen. In diesem Fall hier soll dem Täter verziehen werden. Der Therapeut bittet die Klientin, gedanklich einen Lichtkreis zu bilden. Nun soll sie sich selbst in den Lichtkreis stellen. Dann wird die Klientin gebeten, einen weiteren Lichtkreis zu bilden, der an den anderen Lichtkreis anstößt. Die Kreise sollen sich aber nicht überschneiden. In diesen Kreis soll die Klientin nun ihren Großvater stellen. Jetzt möchte der Therapeut von der Klientin folgendes wissen.

Th: Sehen Sie zwischen Ihrem Großvater und Ihnen irgendwelche Verbindungen in Form von Bändern, Schnüren, Seilen oder Ketten?

K: Ja.

Th: Wie viele Verbindungen sind es?

K: Eine

Th Wie sieht diese aus?

K: Es ist ein dickes Seil.

Th: Wo ist der Anfang und wo ist das Ende dieses Seiles?

K: Es beginnt an meinem Bauchnabel und führt zum Mund meines Großvaters.

Th: Dann bitten Sie Ihr Hohes Selbst, das entsprechende Werkzeug zur Verfügung zu stellen, um das Seil zu durchtrennen. Geht das?

K: Ja.

Th: Ist das Seil nun durchtrennt?

K: Ja, es wurde mit einer großen Schere auseinander geschnitten.

Th: Dann bitten Sie nun erneut Ihr Hohes Selbst, das Ende an Ihrem Bauchnabel zu lösen, ohne dass Sie verletzt werden und ohne dass Narben übrig bleiben. Geht das?

K: Ja.

Th: Dann bitten Sie weiterhin Ihr Hohes Selbst, auch das restliche Ende des Seiles bei Ihrem Großvater zu entfernen, ohne dass Wunden übrig bleiben. Geht das?

K: Ja.

Th: Nun bitten Sie Ihr Hohes Selbst, das Seil zu vernichten. Ist das Seil jetzt vernichtet?

K: Ja, es wurde verbrannt und die Asche wurde vergraben.

Th: Sind nun noch irgendwo Reste von diesem Seil übrig geblieben, die wir vielleicht übersehen haben?

K: Nein.

Th: Ist vielleicht noch irgendein Gefühl da?

K: Ja.

Th: Welches Gefühl spüren Sie?

K: Irgendwie Bedauern und auch Wut. Ich kann es aber nicht so klar spüren.

Th: Dann bitten Sie Ihr Hohes Selbst, dass es mehr Licht hineinbringt, damit Sie klarer sehen beziehungsweise spüren können. Wo sitzt denn nun das Gefühl des Bedauerns und der Wut?

K: In meinen Armen.

Th: Wie fühlt sich dieses Gefühl in den Armen an?

K: Wie Sand im Getriebe.

Th: Dann bitten Sie Ihr Hohes Selbst, dass es Ihnen behilflich ist, den Sand aus Ihren Armen zu entfernen. Geht das?

K: Ja.

Th: Ist der Sand jetzt weg?

K: Ja.

Th: Wo ist der Sand jetzt?

K: Er wurde vom Wind verweht.

Th: Ist da jetzt noch ein Gefühl zwischen Ihnen und Ihrem Großvater, das wir übersehen haben?

K: Ja.

Th: Welches Gefühl?

K: Ich schäme mich.

Th: Wo sitzt dieses Schamgefühl?

K: Dort, wo dieses Gefühl hingehört. Es sitzt in der Schamgegend.

Th: Wie sitzt es dort? Wie sieht es aus?

K: Es besteht aus lauter kleinen Würmern.

Th: Bitten Sie nun erneut Ihr Hohes Selbst, diese Würmer zu entfernen. Sind diese Würmer entfernt?

K: Ja.

Th: Sind die Würmer nun alle weg?

K: Ja, aber sie sind nicht tot.

Th: Dann bitten Sie wiederum Ihr Hohes Selbst, die Würmer zu vernichten. Hat das geklappt?

K: Ja, die Würmer sind mit einem Messer auseinander geschnitten und dann in ein Glas gegeben worden. Dieses Glas wurde ganz fest verschlossen und am Meeresgrund vergraben.

Th: Haben Sie jetzt noch ein Schamgefühl?

K: Nein.

Th: Wie sieht Ihr Großvater jetzt aus?

K: Klein.

Th: Heißt das, dass Sie jetzt größer als Ihr Großvater sind?

K: Ja.

Th: Dass Ihr Großvater das mit Ihnen gemacht hat, ist ja ein Zeichen von Schwäche. Deshalb ist er jetzt wohl so klein. Jetzt könnten Sie ihm verzeihen. Können Sie das?

K: Ja.

Th: Wieso geht das jetzt?

K: Weil mein Großvater jetzt kleiner ist als ich. Er muss sich jetzt wohl genauso hilflos fühlen, wie ich damals. Er tut mir leid.

Th: Wie sieht Ihr Großvater jetzt für Sie aus?

K: Nicht mehr bedrohlich, sondern ganz normal.

Th: Haben Sie noch Angst vor Ihrem Großvater?

K: Nein.

Th: Können Sie Ihren Großvater jetzt umarmen?

K: Ja.

Th: Wie fühlt sich das für Sie an?

K: Gut.

Th: Können Sie sich nun im Guten von Ihrem Großvater verabschieden?

K: Ja.

Th: Dann lassen Sie Ihren Großvater nun aus dem Lichtkreis heraus treten. Ist er aus dem Lichtkreis gegangen?

K: Ja.

Th: Steigen Sie nun auch aus Ihrem Lichtkreis heraus. Sind Sie heraus gestiegen?

K: Ja.

Zurück ins Hier und Jetzt

Zum Schluss werden die symbolischen Schalter wieder eingeschaltet, um das Bewusstsein wieder herzustellen. Der Therapeut gibt der Klientin folgende Anweisung.

Das Bewusstsein darf wieder zum Kopf hinaufsteigen. Schalten Sie alle Schalter wieder an.

Am rechten Vorderfuß,
am rechten Knie,
an der rechten Hüfte,
am linken Vorderfuß,
am linken Knie,
an der linken Hüfte.
Nun bitte am rechten Handrücken,
am rechten Ellenbogen,
an der rechten Schulter,
am linken Handrücken,
am linken Ellenbogen und
an der linken Schulter.
Dann bitte am Schädeldach, dem höchsten Punkt des Kopfes, an der Mitte der Stirn und am Kehlkopf.
Und zum Schluss am Steißbein und im Nacken.

Jetzt sind wieder alle Schalter an. Sie sind wieder richtig im Bewusstsein und können nun die Augen öffnen.

Verzeihen

Bei einer weiteren Rückführung wurde die Stärke, Kraft und Sicherheit der Klientin auf eine andere Art und Weise aktiviert. Außerdem wurde eine andere Technik angewandt, um dem Täter zu verzeihen. Hier wurde die Methode mit dem Lichtkreis nicht verwendet.

Th: Wovor haben Sie Angst?
K: Das kann ich nicht genau sagen. Irgendwie habe ich eine Todesangst. Ich merke, dass mir speiübel ist.
Th: Weil Sie sich sehr schlecht fühlen?
K: Ja.
Th: Dann bitten Sie Ihr Hohes Selbst, das ganze schlechte Gefühl und die Übelkeit aus Ihnen heraus zu holen. Funktioniert das?
K: Ja.
Th: Wie macht das Ihr Hohes Selbst?
K: Es schüttet alles in einen Eimer.
Th: Ist nun alles draußen?
K: Nein, ich brauche einen zweiten Eimer.
Th: In Ordnung, dann soll Ihr Hohes Selbst einen zweiten Eimer holen. Ist der zweite Eimer schon voll?
K: Nein, noch nicht ganz.
Th: Brauchen Sie noch einen dritten Eimer?
K: Nein.
Th: Ist nun die restliche Angst weg?

K: Ja.

Th: Wie fühlen Sie sich?

K: Besser. Ich fühle mich sehr ruhig.

Th: Stellen Sie sich nun vor, dass Sie als die Mutter dieses Kindes in der Situation von damals dazu kommen. Die Mutter sind Sie jetzt selbst und Sie sind groß, kräftig und stark. Mit einer wundervollen Ausstrahlung. Was machen Sie jetzt mit dem Kind?

K: Ich schlage erst einmal den Großvater zusammen.

Th: In Ordnung, dann tun Sie das ruhig. Und was geschieht mit dem Großvater?

K: Der hat jetzt einen starken Fausthieb von mir ins Gesicht bekommen, ist ohnmächtig geworden und liegt nun auf dem Boden.

Th: Was machen Sie jetzt mit dem Kind?

K: Ich nehme es in den Arm und habe es lieb.

Th: Das Kind weiß sich jetzt beschützt. Nehmen Sie das Kind jetzt bei der Hand?

K: Nein, ich lasse es in meinem Arm und trage es eine Weile.

Th: In Ordnung, dann tragen Sie es eine Weile, damit das Kind wieder Vertrauen fassen kann. Nicht nur in sich, sondern auch in andere Menschen. Damit es wieder mehr Selbstwertgefühl bekommen kann. Halten Sie es ruhig noch eine Weile im Arm.

Da wäre noch eine kleine Hausaufgabe: Nämlich, dass Sie das Kind, das Sie selbst auch sind, in den Arm nehmen. Solange bis Sie das Gefühl haben, dass dies nicht mehr notwendig ist. So können Sie wieder Vertrauen aufbauen, auch in sich selbst.

Vielleicht können Sie nun mit dem Kind verschmelzen in ein- und dieselbe Person. Der Großvater wird nun zu einem kleinen Zwetschgenmännchen, der Ihnen nicht mehr das Wasser reichen kann. Können Sie sich das vorstellen?

K: Ja.

Th: Wie sehen Sie denn jetzt aus?

K: Ich bin riesengroß und unwahrscheinlich kräftig. Ich sehe aus wie eine Walküre.

Th: Was haben Sie jetzt für ein Gefühl, wenn es um Ihren Großvater geht?

K: Er tut mir leid.

Th: Können Sie ihm denn jetzt verzeihen? Können Sie ihm jetzt in dieser starken Position, in der Sie sich jetzt befinden, verzeihen?

K: Noch nicht ganz.

Th: Wieso nicht?

K: Ich habe Probleme, mir selbst zu verzeihen.

Th: Was können Sie sich denn nicht verzeihen?

K: Dass ich mich nicht gewehrt habe.

Th: Hätten Sie eine Chance gehabt?

K: Ich hätte es ja versuchen können.

Th: Sie waren doch wie gelähmt. Wie bei den Tieren, wenn die angegriffen werden und in eine Totenstarre fallen. Das war ein Schutzmechanismus. Vielleicht hat sie dieser Schutzmechanismus sogar gerettet. Vielleicht wäre mehr passiert, wenn Sie geschrien oder um sich geschlagen hätten. Sie hatten doch keine Chance.

K: Stimmt.

Th: Sie sind jetzt stark wie eine Göttin, während Ihr Großvater jetzt klein ist und am Boden liegt. Sie stehen jetzt über dem Erlebten. Wenn noch irgendwo Schuld ist, wo könnte die sitzen? Bitte antworten Sie ganz spontan.

K: Nein, es ist kein Schuldgefühl mehr da.

Th: Sie hatten in dieser Situation auch keine Schuld. Wie fühlen Sie sich jetzt als Walküre, während Ihr Großvater als kleines Zwetschgenmännchen auf Ihrer Schulter sitzt?

K: Groß, kräftig und stark.

Th: Haben Sie jetzt noch vor Ihrem Großvater Angst?

K: Nein.

Th: Können Sie jetzt Ihrem Großvater verzeihen?

K: Ja.

Th: Können Sie sich jetzt selbst verzeihen?

K: Ja.

***

Nachwort

Durch mein Kindheitstrauma war ich lange auf der Suche nach dem Warum. Der Buddhismus gab mir auf meine Frage die Antwort. Heute sind einige Aspekte des Buddhismus zu meiner Lebensphilosophie geworden.

Einige freudvolle Erlebnisse, aber auch leider ein sehr trauriges Ereignis haben mich als Erwachsene sehr geprägt.

Auf einer Reise nach Nepal, wo sich die Menschen mit einer respektvollen Verneigung und dem Wort Namaste (übersetzt bedeutet es etwa: Ich grüße das göttliche Licht in deinem Herzen) begrüßen, konnte ich meine buddhistische Lebensphilosophie vertiefen.

An einem Silvesterabend saß ich in Namibia an einem Wasserloch und wartete stundenlang darauf, dass doch endlich die Tiere zum trinken kommen mögen. Während dieser absoluten Stille wurde mir bewusst, dass ich meinen Seelenfrieden gefunden habe.

Die schwere Erkrankung, aber vor allem der frühe und leidvolle Tod meines Vaters führten über Nacht zu einer völlig neuen Priorisierung in meinem Leben: Jeder Tag, den ich gesund erleben darf, ist ein Geschenk, denn Gesundheit - körperlich, seelisch und geistig - ist unser höchstes Gut.

Als gelernte medizinische Fachangestellte widme ich mich in meiner Freizeit neben der Liebe zu den Bergen und zu meinem Klavier Opfern von sexueller Gewalt.

Mein Appell:
Die Verletzungen durch sexuelle Gewalt, sowohl körperlicher als auch seelischer und geistiger Art sowie die Folgen, sind zu bewältigen.

Ich wünsche allen, die Schreckliches erfahren haben, den Mut Vergangenes hinter sich zu lassen sowie die Zuversicht, dass alles gut werden wird.

Ihre

Sabine Schönmann
(www.lebensberatung-schoenmann.de)

Literaturhinweise

- Dobler, Günter: Kinesiologie in der Naturheilpraxis; Elsevier GmbH, Urban & Fischer Verlag
- King Dr., Serge Kahili: Begegnung mit dem verborgenen Ich; Aurum Verlag
- King Dr., Serge Kahili: Der Stadt-Schamane; Verlag Alf Lüchow
- Klinghardt Dr., Dietrich: Lehrbuch der Psycho-Kinesiologie, Institut für Neurobiologie nach Dr. Klinghardt GmbH
- Krotoschin, Henry: Huna-Praxis; Ullstein Buchverlage GmbH & Co. KG
- Lesch, Matthias und Förder, Gabriele: Kinesiologie; Gräfe und Unzer Verlag GmbH
- Meinhold, Werner J.: Das große Handbuch der Hypnose; Ariston Verlag
- Sigdell Dr., Jan Erik: Rückführung in frühere Leben; Ansata Verlag
- Scheffer, Mechthild: Die Original Bach-Blüten Therapie; Irisiana, Heinrich Hugendubel Verlag
- Scheffer, Mechthild: Die praktische Anwendung der Original Bach-Blütentherapie; Goldmann-Verlag
- Schmidt, Sigrid: Innere Harmonie durch Bach-Blüten; Gräfe und Unzer Verlag GmbH
- Schuhmacher Dr., Guido: Die tiefen Ursachen des Krankheitsgeschehens; Schuhma-Verlag
- Schuhmacher Dr., Guido: Diagnose und Therapie für eine neue Zeit; Schuhma-Verlag
- Vallieres Prof. Dr., Ingrid: Praxis der Reinkarnationstherapie; Verlag Stephanie Naglschmid
- Wingo Prof. Dr., Otha: Das Huna-Arbeitsbuch; Droemersche Verlagsanstalt Th. Knaur Nachf.